媒介素养实验教程

孙良斌　主编

九州出版社
JIUZHOUPRESS

图书在版编目（CIP）数据

媒介素养实验教程 / 孙良斌主编. -- 北京 ： 九州出版社, 2018.12
ISBN 978-7-5108-7881-7

Ⅰ. ①媒… Ⅱ. ①孙… Ⅲ. ①传播媒介－高等学校－教材 Ⅳ. ①G206.2

中国版本图书馆 CIP 数据核字(2019)第 015150 号

媒介素养实验教程

作　　者	孙良斌　主编
出版发行	九州出版社
地　　址	北京市西城区阜外大街甲 35 号（100037）
发行电话	（010）68992190/3/5/6
网　　址	http://www.jiuzhoupress.com/
电子信箱	jiuzhou@jiuzhoupress.com
印　　刷	北京虎彩文化传播有限公司
开　　本	787 毫米×1092 毫米　1/16
印　　张	10.75
字　　数	361 千字
版　　次	2020 年 1 月第 1 版
印　　次	2022 年 8 月第 2 次印刷
书　　号	ISBN 978-7-5108-7881-7
定　　价	36.00 元

《媒介素养实验教程》编委会

前言

媒介素养是人们对各种媒介信息的解读和批判能力以及使用媒介信息为个人生活、社会发展所用的能力。在当今互联网时代，媒介素养业已成为公民素养的重要组成部分。近年来，部分高校已经将媒介素养纳入通识教育课程体系，开设了媒介素养相关课程。但这些课程大多以理论教学为主，缺乏实践课程的支撑，难以构成完备的媒介素养教学体系。《媒介素养实验教程》是提升高等院校本科生、研究生媒介传播技能的实验指导教材，旨在完善高校媒介素养教育的教学体系，促进现代公民素养的提升。

本教程在媒介素养理论指导下按照公民所应具备的信息素养、批判能力、媒介生产、创意思维等能力的要求进行内容设计，共有12个章节：信息素养实验主要训练学生获取信息特别是进行文献综述和辨别信息的能力；新闻评论实验引导学生发现社会问题、敢于对各类信息进行批判思考；摄影、摄像、画面编辑、剧本创作等实验指导学生提高媒介生产技能，特别是在读图（视频）时代学会如何“讲故事”；网页设计与制作、新媒体产品生产等实验指导学生如何适应新媒体时代传播要求进行内容创作；创意写作引导学生发挥想象力和创造力进行创作，进而建立起写作的兴趣与自信。

本教程在编写过程中有以下特点：

1. 注重理论与实验相结合。每个实验在设计过程中都强调基础知识的重要性，避免跳入单纯演示软件操作的误区。实验开始前首先对该实验所涉及的理论与方法进行梳理，夯实实验操作的理论基础，以更好指导实验。

2. 实验工具零门槛。教材中所使用的实验工具都是常用的设备和操作软件，如个人电脑、智能手机、PR、PS、AE等，这些工具能够较容易地获取、安装，也符合公民素养培养的要义，打破了专业媒介内容生产的技术门槛。

3. 创新文科实验教程的编写方式。文科类实验项目与理工类实验项目存在较大区别，即使在实验内容、实验材料、实验要求一致的情况下，文科实验也难以获得较为一致的实验结果，实验过程中存在较大的主观性，这也就给文科实验教材的编写带来一定的困难。在本教程编写过程中将实验内容分为三类：写作评论类、影像实践类、上机操作类。写作评论类以典型案例入手并评析，让学生在对范例的批判与学习中掌握实验内容；影像实践类则以经典影像片段的解析为主，让学生在解析过程领会创作要领；上机操作类则以详实的步骤示范实验案例的创作全过程。

本教程是重庆大学全媒体实验中心教学团队多年教学实践的结晶，同时也吸取了许多兄弟院校和一线教师的宝贵经验。郭小安、杨尚鸿、郧建中、刘海明等专家担任教材编写的顾问，全书由孙良斌主编，对内容进行了规划设计和文字统筹，并编写实验一、实验七，刘海明、李琳编写实验二，武文丰编写实验三，胡秋雨编写实验四、实验十一，卞祥彬编写实验五，郜亚楠、魏世平编写实验六，党超亿、张杰编写实验八，张琴、付蓉编写实验九，董傲通编写实验十，蒲俊杰编写实验十二。

本教程是郭小安研究员主持的重庆市高等教育教学改革研究重点项目“人文通识与素质课程互动教学方法”（项目编号：142019）和重庆市研究生教育教学改革研究项目“新闻与传播专业硕士‘宏思维’的训练与培养”（项目编号：yjg143019）的阶段性研究成果。也是郘建中教授主持的重庆市研究生教育教学改革项目“云教育背景下研究生影视制作实务课程教学改革及教材建设”（项目编号：yjg 20163051）的系列教材之一。蒲俊杰副教授将其主持的重庆大学教改项目“以理工科为主的综合性大学《写作》课程群建设的研究与实践”（项目编号：2017Y20）的研究成果作为本教程实验十二的主体内容，在此一并表示感谢。

由于编者经验和水平所限，书中难免还存有不当乃至错误之处，恳请广大师生、读者批评指正。

编者

2018 年 3 月

目 录

实验一 信息检索

实验二 新闻评论

实验三 图片拍摄与编辑

实验四 版式设计与编排

实验五 影视剧本创作

实验六 摄像基础

实验七 画面编辑

实验八 影视特效制作

实验九 音频编辑与制作

实验十 网页设计与制作

实验十一 新媒体产品创作

实验十二 创意写作

实验一　信息检索

一、实验目的

信息素养是指个体认识、创造和利用信息的态度与能力，又被称为“信息能力”“信息素质”。它是当代公民应具备的基本素质，是个人有效融入信息社会的先决条件，是终身学习的核心。

通过信息检索实验，训练学生有效确定、搜寻和获取信息的意识、素质和能力，提高信息检索的准确率和速度，并能够对已获得的信息进行管理、分析、判断，以用于实际问题的解决。

二、基础知识

信息是关于事物运动的状态和规律的表征，也是关于事物运动的知识，它用符号、信号或消息所包含的内容，来消除人们对客观事物认识的不确定性。文献是用文字、图形、图像、符号、声频、视频等技术手段记录信息的物质载体。信息检索关注的是如何检索、利用文献中记载的信息，文献是最主要的信息源，熟悉和掌握文献信息资源是信息检索的基础。

（一）文献的主要类型

文献是最主要的信息源，因数量庞大、类型复杂有多种不同的分类体系，按文献的出版形式划分有图书、期刊（报纸）、会议文献、学位论文、专利文献、标准文献、政府出版物、科技报告、产品技术资料和档案十种类型。

文献是科学研究的资料来源，服务于不同的应用领域。互联网技术的发展为各类文献的数字化提供了条件，电子图书、数字报纸、数字期刊、手机出版物、MOCO等数字资源层出不穷，信息获取方式趋于便利化、人性化。

（二）文献信息检索的基本流程

1.分析检索课题

在文献检索前需对研究课题进行分析，确定其所涉及的文献类型、学科类型、时间范围、语种范围。例如，在以“VR 纪录片”的研究课题中，根据研究主题确定所需文献类型有图书、期刊、硕博论文，不仅需要检索中文数据库，还需要检索外文数据库，以进一步了解国内外的研究现状，VR 作为一种虚拟现实工具在工业技术、游戏产业等领域早有应用，VR 纪录片作为一种新事物，需要关注在影视学、新闻传播学研究动态。

2.**选择检索工具/数据库**文献信息

根据其类型、学科范围、语种的差异存储于不同的数据库中，各专业数据库收录文献的学科范围、文献类型、文献数量上也不尽相同，数据库要通过检索工具设置检索词在进行检索，如表 1-1 所示。有些检索工具可检索不同数据库中的文献，例如，在 Web of Science 中不仅可以检索到 Web of Science 核心合集数据库，还可以检索到 Derwent Innovations Index、KCI-韩国期刊数据库、MEDLINE、Russian Science Citation Index 、SciELO Citation Index 等多个数据库。此外，数据库有全文数据库和引文数据库之分，全文数据库可以获取到全文信息和文献内容，引文数据库提供将作者、关键词、机构、摘要、被引等情况的检索。

表 1-1：常用检索数据库

	检索工具/数据库	内容概况	网址
1	CNKI 中国知网	综合性全文数据库（学位论文、期刊、报纸、年鉴、国内外会议论文、工具书、专利、科技成果、法律法规等）	http://www.cnki.net/
2	万方数据知识服务平台	万方数据知识服务平台（期刊论文、会议论文、学位论文、方志）	http://www.wanfangdata.com.cn/index.html
3	维普期刊资源服务平台	综合性中文期刊数据库（含评估文献引证追踪和科学指标分析模块）	http://222.198.130.49:81/
4	超星电子图书	综合性中文电子图书	http://www.sslibrary.com/
5	人大复印资料	中国人民大学复印资料	http://edu.21dmedia.com/index/login.vm
6	中国科学引文数据库（CSCD）	收录我国数学、物理、化学、天文学、地学、生物学、农林科学、医药卫生、工程技术、环境科学和管理科学等领域出版的中英文科技核心期刊和优秀期刊	http://sciencechina.cn/
7	中国社会科学引文索引（CSSCI）	社科学全文数据库、文摘索引数据库	http://cssrac.nju.edu.cn/
8	ICE（英国土木工程师协会）	土木工程及相关领域，如岩土工程、建筑材料、水工程、环境工程	https://www.icevirtuallibrary.com/

（续表）

	检索工具/数据库	内容概况	网址
9	Elsevier SciVerse ScienceDirect	涉及四大学科领域：自然科学与工程领域、生物学领域与环境科学、医学与兽医学、社会科学与人文学科的全文期刊数据库	http://www.sciencedirect.com/
10	Web of Science	综合性文摘索引数据库，内容涵盖自然科学、工程技术、生物医学、社会科学、艺术与人文等领域，由7个子数据库组成	http://www.webofknowledge.com
11	Engineering Villa（EI Compendex）	全球最全面的工程领域二次文献数据库，侧重提供应用科学和工程领域的文摘索引信息。	https://www.engineeringvillage.com/search/quick.url
12	IEEE/IET Electronic Library(IEL)	提供美国电气电子工程师学会（IEEE）和英国工程技术学会（IET）出版的期刊、会议录标准的全文	http://ieeexplore.ieee.org/Xplore/home.jsp
13	SpringerLink	综合性外文期刊、电子图书全文数据库	http://link.springer.com/
14	EBSCO(ASC、BSC)	综合性检索平台（主要包括学术期刊全文数据库、商业资源数据库、教育资源信息中心数据库等）	http://web.b.ebscohost.com/ehost/search/basic?vid=0&sid=58e5efc7-7e39-4f56-8733-7045844c0628%40sessionmgr120
15	SAGE 期刊数据库	商业、人文、社会科学、自然科学、科技和医学类的期刊数据库	http://journals.sagepub.com/
16	ProQuest 学位论文全文库	国外博硕士学位论文全文数据库	http://pqdt.calis.edu.cn/
17	JSTOR	综合性过期学术期刊全文数据库	http://www.jstor.org
18	ProQuest Research Library (PRL)	公共教学领域课程及学术研究文摘和全文库	https://search.proquest.com/index?accountid=26785
19	Wiley Online Library	科技、医学为主的高质量学术期刊、电子图书数据库	http://onlinelibrary.wiley.com/
20	Nature	自然基础科学领域核心期刊，是世界上最著名的科技期刊之一	http://www.nature.com/
21	Science Online	全文数据库。资源学科分类：哲学,经济学,法学,教育学,文学,历史学,理学,工学,农学,医学,军事学,管理学	http://www.sciencemag.org
22	JSTOR 数据库	综合性过期学术期刊全文数据库	http://www.jstor.org
23	美国专利局(USPTO)专利检索系统	美国专利局(USPTO)专利检索系统	http://www.uspto.gov/
24	欧洲专利局(EPO)专利检索系统	全文数据库。资源学科分类：理学，工学，农学，医学，军事学	http://ep.espacenet.com/
25	Taylor&Francis online	人文社科期刊数据库，14个学科	https://www.tandfonline.com/

3.确定检索词、构建检索式

检索式由检索字段、检索词和运算符构成，检索字段是数据库中反映文献特征的字段，是检索词的出发点，检索词则是根据检索需要设置的检索词汇，运算符确定检索词之间的逻辑关系，限制或扩大检索范围。

（1）检索字段

检索字段可分为基本检索点和辅助检索点，基本检索点主要指反映文献内容特征的字段，如标题、作者、主题词、全文等；辅助检索点是指反映文献外部特征的字段，如作者机构、来源出版物、出版年、基金项目等。

标题（篇名）字段：泛指各种文献名称，如篇名、书名、专利名称等。

关键词字段：关键词用于设定从原文的标题、摘要或全文中抽出来的、具有实质意义的检索词。

主题字段：通过对反映文献内容特征的主题词进行检索，从而将论述相同主题的文献检索出来。主题检索同时在题名、关键词、摘要三个字段中检索。

全文字段：在数据库所有可供检索的的字段中查找与检索式相匹配的内容。

（2）检索词

检索词是数据库进行匹配运算的基本单元，选择合适的检索词是提高检全率、检准率的关键环节，直接影响检索效果。

检索词要找到准确、全面的主题概念，注意同义词、近义词、相关词的全称与缩写等，要找出最能表达课题内容且具有实际检索意义的关键词，排除检索意义不大的词，如展望、发展趋势、现状、作用、影响等。例如，对“电视节目模式的知识产权保护”的检索，可分解为“节目模式/电视节目模式/电视模式/版权/知识产权/版权争议”等多个检索词。

（3）检索算符

a.布尔逻辑算符

逻辑“或”：用“OR” 或“+” 表示，运算符两侧的检索词都会被检索到，多用于同义词、近义词和相关词的检索，能放宽检索范围，提高查全率。

逻辑“与”：用“AND”或“*”表示，运算符两侧的检索词必须同时出现才会被检索到，多用于缩小检索范围，提高查准率。

逻辑“非”：用“NOT”或“-”表示，运算符后面的检索词将被排除掉，多用于缩小检索范围，增加检索的准确性。

运算符在表达式运用时，有括号的要先执行括号内的逻辑运算，逻辑“或”、逻辑“与”两侧两侧检索词可以交换，逻辑“非”优先级最高逻辑“或”次之。

b.截词检索符

截词检索符是指将给定的词干（词汇）作为截词，用于匹配所有含有该词干的内容，起到扩大检索范围的效果，减少了对名词单复数、词尾变化的重复检索。截词检符在外文检索中有广泛的运用，按位置可分为前截断、中间截断、后截断，通常使用如“*”“?”“#”等通配符完成。

前截断：又称后方一致检索，这种检索方式在汉语中复合词组的检索中有较大应用。例如，对“节目模式”有多种不同的说法，为防止漏掉，采用“*节目模式”进行检索，得到了“电视娱乐节目模式”“电视真人秀节目模式”“电视节目模式”“电视综艺节目模式”“综艺节目模式”“真人秀节目模式”等相关内容。

后截断：又称前方一致检索，特别是在匹配英文检索词的单复数、名词、形容词等有较好的应用。例如，在 JSTOR 数据库中在标题检索中以“chemi？”为检索词，可以检索出含有“chemical”“Chemistry”“chemist”等信息。

中间截断：把检索符放置在检索词的左右两侧。例如，以“*pass*”为检索词，可以检索到“low-pass”“passive”“pass”“passively”“Passivation”等。

c.位置检索

通过限定两个检索词之间的距离或顺序来完成的检索，这种检索方法在外文信息检索中有较大的应用，不同数据库有不同的位置检索符，常用的位置检索符有（W）、（nW）、（N）、（nN）、NEAR、SAME 等。

在 Web of Science 以 NEAR 和 SAME 作为位置限定符。使用 NEAR/x 可查找由该运算符连接的检索词之间相隔指定数量单词的记录，用数字取代 x 可指定将检索词分开的最大单词数，如果只使用 NEAR 而不使用 /x，则系统将查找其中的检索词由 NEAR 连接且彼此相隔不到 15 个单词的记录，NEAR/0 表明该运算符连接的单词应彼此相邻。如“Beverage NEAR/5 bottle”查找同时包含 beverage 和 bottle 的记录。两个单词间相隔必须在五个单词内。在包括 NEAR 运算符的检索式中不能同时使用 AND 运算符。如果标题中包含单词 NEAR，检索时请使用引号 ("") 将其引起。SAME 在“地址”检索中，使用 SAME 将检索限制为出现在“全记录”同一地址中的检索词。例如：Mineral Resources SAME Beijing 查找记录的“地址”字段中某作者的地址同时包含检索词 Mineral Resources 和 Beijing 的文献。

在 CNKI 中以“/NEAR n”来限定两个词出现在同一句子中的位置，顺序可以有颠倒，间隔小于 n 个词,例如，以“SU='新媒体 /NEAR 0 媒介素养 '”检索出“学生手机新媒体媒介素养刍议”“大提升媒介素养:新媒体环境下引导舆论的新思路”等 7 篇文章。

以“/PREV n”来限定两个检索词按词序出现在同一语句中，间隔小于 n 个词。例如以“SU='新媒体 /PREV 0 媒介素养 '”再次检索，检索出“新媒体”“媒介素养”顺序的 5 篇文章。

“/AFT n”用于限定两个检索词按词序出现在同一语句中，间隔大于n个词。例如以“SU='新媒体 /AFT 10 媒介素养'”再次检索，检索到“新媒体环境下高校思想政治教育的新思路——大学生媒介素养教育”等9篇文章。

4.表达式检索

通过输入检索条件进行检索是各数据库的基本功能。而表达式检索是所有检索方式里面比较复杂的一种检索方法，需要输入检索字段与运算符，并且确保所输入的检索式语法正确，是一种专业检索，不同的数据库在检索字段的字母表示和运算符选择上有一定的差异。

以CNKI为例，检索字段的字母表示有SU=主题,TI=题名,KY=关键词,AB=摘要,FT=全文,AU=作者,FI=第一作者,AF=作者单位,JN=期刊名称,RF=参考文献,RT=更新时间,PT=发表时间,YE=期刊年,FU=基金,CLC=中图分类号,SN=ISSN,CN=CN号,CF=被引频次,SI=SCI收录刊,EI=EI收录刊,HX=核心期刊。要检索“图像处理”且含有“图像分割”其表达式为“SU='图像处理'*'图像分割'”。单引号在表达式检索中代表精确匹配检索词。

5.网络信息检索运算符——以百度搜索为例

网络信息量巨大、类型多样、内容广泛，利用网络已经成为人们获取信息的重要途径。搜索引擎是网络信息资源检索的工具，如百度搜索、搜狗搜索、Google搜索等，在搜索引擎中通过设定运算符能大大提高查准率和检索速度。

精确匹配：在百度搜索中，以检索词加双引号（” ”），能精确检索双引号中的内容，避免因检索词过长而被拆分。

限定网页标题的检索：“Intitle:检索词”进行检索，检索到所有以检索词为标题的网页。

限定特定的站点：以“检索词 Site:xxx.com”限定在特定网站中进行检索。如以“国宝档案 Site:cctv.com”为检索词，所检索的内容均是“cctv.com”网站所发布的关于“国宝档案”的网页信息。

限定网页中检索：以“检索词 Inurl：链接地址”限定在特定网页中进行检索，以“媒介素养的内涵 Inurl:http://www.chnmjsy.com/”，在http://www.chnmjsy.com/检索“媒介素养的内涵”相关内容。

限定特定的文件类型：以“检索词 Filetype:doc/pdf/txt”限定只检索某一类型的文件，如“媒介素养的内涵 Filetype:pdf”进行检索，只显示有关“媒介素养的内涵”的PDF格式文件。

（三）检索结果的输出

数据库中的匹配文献通常以题录（篇名、作者、来源刊物）方式列表显示检索结果，还可根据需求按相关度、引用率、下载量、发表时间等排序，也可针对出版时间、作者、学科、期刊性质进行聚类，完成二次检索和聚类分析。

检索结果按照文献著录规则进行输出，以便于文献的管理和交流，不同的学科和期刊根据自身的标准制定了各自著录标准，如 ISBD 格式(《国际标准书目著录总则》)、AACR2 格式（《英美编目条例第 2 版》)、APA 格式（《美国心理协会刊物准则》)等，我国采用较多的是《信息与文献 参考文献著录规则》(GB/T7714-2015）标准的著录规范，如表 1-2 所示。

表 1-2：GB 文献著录范例

文献类型	标识码	范　例
图书	M	刘海龙.大众传播理论：范式与流派[M].北京:中国人民大学出版社，2008.276-277.
会议录	C	高钢.媒介融合趋势下中国新闻教育改革的在思考[C]//史安斌.全球新闻传播与新闻教育的未来.北京:清华大学出版社,2014:357.
报纸	N	王伟忠,雷石卫.《爸爸去哪儿》“带火”普者黑旅游[N].云南日报,2014-7-11（9）
期刊	J	杨尚鸿.传播学视野下广播电视编导专业定位再思考[J].西南大学学报(社会科学版),2010,36(03):160-164.
学位论文	D	孙良斌.电视戏曲艺术范畴及传播策略研究[D].重庆大学,2011.
标准	S	GB/T 7714-2015，信息与文献 参考文献著录规则[S].
专利	P	王永建.导播内部通话及 Tally 指示系统[P].山西:CN202014310U,2011-10-19.
网络	OL	刘蒙之,刘战伟.2017,传媒人才需求 10 大趋势—160 家媒体招聘信息词频分析数据报告[EB/OL].（2017-01-11）[2017-12-11].http://mp.weixin.qq.com/s/KehQzA59m8NcPcN2JvGfUQ.

（四）文献计量分析

信息检索的最终目的是为科学研究和解决实际问题服务，通过信息计量分析，可以帮助科研人员获得大量的信息源，如了解文献的背景价值，通过比较不同地区或国家针对同一问题的解决方法，掌握研究的动态与方向等，文献计量分析应该完成以下内容：

总体性分析：匹配检索词的文献数量、文献类型、学科分布、引用率；文献信息增长变化规律，分析文献的集中与离散程度，主要研究作者及规律；

代表性文献深度学习：文献增长变化节点分析，最早出现文献、高引文献、高水平文章和作者；完成国内外研究现状及述评。

三、实验工具

CNKI 检索工具、Web of Science 检索工具、CNKIE-Study、 EndNote 等。

四、实验内容

案例一：CNKI 高级检索实例

实验要求：以“纪实摄影”为标题检索期刊论文，完成文献计量分析，找出代表性文章（引用率最高、CSSCI 核心刊、发表最早等）并下载学习。

1.**访问数据库**。点击链接 http://www.cnki.net/进入 CNKI 首页，为检索方便，点击【高级检索】按钮，进入【高级检索】条件设置窗口。

2.**初级检索**。在【高级检索】页面的标题栏选择文献类型为【期刊】，根据检索要求，在【输入检索条件】窗口，选择检索字段为【篇名】，输入检索词为“纪实摄影”，初次检索共检索到 309 篇文章。

3.**文献初选**。在 CNKI 的首次检索结果中，默认排序为“主题排序”，显示方式为“列表”，为快速筛选，修改显示方式为“摘要”，以便了解文章的概括。

经过筛选发现不符合检索要求的代表性文章主要有以下几类。

摄影集、作品选登：如“关于纪实摄影的无限可能——2015 第五届侯登科纪实摄影奖获奖作品选登”“‘全国发展改革系统干部职工首届纪实摄影网络大赛’获奖作品作者名单”“第五届侯登科纪实摄影奖暨第二届林茨摄影奖学金揭晓”“爱在高山之国纪实摄影集”。

摄影作业：如“摄影学院 2009 级纪实摄影作业”等。

画册书籍介绍：如“《搏克 2048—阿音纪实摄影集>出版》”“《当代非洲纪实摄影文化地理》”“《生命的力量——吴学华中国汶川抗震救灾纪实摄影》画册荣获第二届中华优秀出版物‘抗震救灾特别奖’”等。

其他：如“始于至诚 行以致远——中国工商银行扶贫纪实摄影”“捌 纪实摄影”“富士胶片 Fujinon XF 35mm f/2R WR 镜头——全天候的纪实摄影工具”“内江市档案馆获赠水污染纪实摄影作品”“阎成波大墙纪实摄影作品展”“雪域春韵——王昭据西藏纪实摄影”等。

根据初步判读，要在检索结果中排除这些不符合检索要求的文章，采用逻辑“非”运算符进行筛选，可排除的检索词有“选登”“大赛”“摄影奖”“作品集”“作品选”“作品展”“摄影集”“捌”“扶贫”“出版”“作业”“工具”“王昭据”“非洲”等。

4.**二次检索**。二次筛选的检索词较多，为了提高查准率，对检索条件的调整，在标题栏中选择【专业检索】，在【表达式输入框】中输入表达式：TI=“纪实摄影”-“选登”-“大赛”-“摄影奖”-“作品集”-“作品选”-“作品展”-“摄影集”-“捌”-“扶贫”-“出版”-“作业”-“工具”。

对检索结果进行筛查，发现仍有不符合检索条件的文章出现：“《当代非洲纪实摄影文化地理》”“民心网举办 2014 年“为民办事”现场纪实摄影大奖赛”“雪域春韵——王昭据西藏纪实摄影”等。

对检索词进行调整，增加检索词“王昭据”“大奖赛”“非洲”“内江”，表达式调整为：TI=“纪实摄影”-“选登”-“大赛”-“摄影奖”-“作品集”-“作品选”-“作品展”-“作品欣赏”-“摄影集”-“捌”-“扶贫”-“出版物”-“作业”-“工具”-“王昭据”-“大奖赛”-“非洲”-“内江”，对并再次检索。

5.表达式调整。在原表达式中出现了“作品集”-“作品选”-“作品展”-“作品欣赏”，可考虑是否按照后截断符替换成“作品*”。为了检验这种方法是否有效，先在原表达式中删除“作品集”“作品选”“作品展”“作品欣赏”4 个检索词，原表达式调整为：TI=“纪实摄影”-“选登”-“大赛”-“摄影奖”-“摄影集”-“捌”-“扶贫”-“出版物”-“作业”-“工具”-“王昭据”-“大奖赛”-“非洲”-“内江”，根据表达式完成检索，在【表达式输入框】中删除该表达式，重新输入表达式：TI=“作品？”，并点击【结果中检索】按钮，在上次检索结果中，检索含有“作品”的文章共 15 篇。

通过对 15 篇的文章分析发现，如使用检索词“作品？”会筛掉很多有价值的文章，如“吕楠精神本质的纪实摄影作品分析与研究”“侯登科系列纪实摄影作品《麦客》中的主观因素分析”。在包含“作品展”的文章中“见证——中国纪实摄影 20 人作品展研讨会”“孙明宏纪实摄影作品展在黑龙江省图书馆举行”阎成波大墙纪实摄影作品展，其中“见证——中国纪实摄影 20 人作品展研讨会”一文是一篇有价值的理论文章。

因此，调整检索词“作品展”为“孙明宏”“阎成波”，最终调整后的表达式为：TI=“纪实摄影”-“选登”-“大赛”-“摄影奖”-“作品集”-“作品选”-“作品欣赏”-“摄影集”-“捌”-“扶贫”-“出版物”-“作业”-“工具”-“王昭据”-“大奖赛”-“非洲”-“内江”-“孙明宏”-“阎成波”。

6.文献分析。经过检索词调整，共检索有效文章 264 篇。在检索页面中，选择【计量可视化分析】—【全部检索结果分析】，对检索出来的文献进行初步分析。

时间分布：通过时间变化曲线的分析，可以发现 1987 年最早出现以“纪实摄影”为题的研究，但文章数量偏少，未形成研究热点，直到 2009 年后文献数量开始大规模增长，2013 年时文献数量达到 27 篇。

学科分布：在学科分布中，可以看出“纪实摄影”的学科主要分布在“美术书法雕塑与摄影(245 篇)”“新闻与传媒(42 篇)”“戏剧电影与电视艺术(5 篇)”，点击左侧比较分析，我们可以看到每个学科研究的时间分布，通过对比可以看出“美术书法雕塑与摄影”学科领域最早（1987 年）进行了“纪实摄影”的相关研究，“新闻与传媒”学科领域从 1993 年开始研究，“人物传记”研究在 2012 年以后出现。

期刊分布：《中国记者》（2 篇）于 1987 年最早刊发了“纪实摄影”研究的论文，但研究的主要阵地在《中国摄影家》（30 篇）、《大众文艺》（21 篇）、《新闻研究导刊》（10 篇）、《新闻传播》（10 篇），高水平期刊相对较少。

关键词分布可以看出“纪实摄影”关注点的变化情况，2010 年对“真实性”的讨论较多，2010 年“新纪实主义”“艺术性”的成为关注点。2012 年对纪实摄影的社会价值进行思考。

7.**代表性文献筛选**。最早文献：在发表年度中选择最早的时间点“1987”，文章“纪实摄影的启示——法国摄影家布勒松影展”出现在检索结果窗口，选中该文章，“已选文献”数量变为“1”。

高引文章筛选：在排序标签中，选择“被引”，在检索窗口中按被引量大小降序显示，选中被引量排名前十位的文章，“已选文献”数量变为“11”。

CSSCI 期刊筛选：在左侧【来源类别】窗口，选择“中国社会科学引文索引（CSSCI）”标签，所有的 CSSCI 文章被筛选出来，按照同样方法选择所有期刊。

8.**著录输出**。在检索结果窗口选择【导出/参考文献】标签，已选择的 20 篇文献将会被导出。

CNKI 提供了多种著录格式，如 GB/T 7714-2015 格式、引文格式等，此外还兼容多种文献管理格式，如 CNKI E-study、Refworks、Endnote 等，根据需要首先按照 GB/T 7714-2015 格式导出参考文献格式，在左侧【文献导出格式窗口】选择【GB/T 7714-2015 格式】-【导出】，参考文献格式以“CNKI-636582348336163750.txt”自动命名并导出。

9.**文献下载**。在左侧【文献导出格式窗口】选择【CNKI E-Study】-【导出】，已选文件将以“SaveSelectedNoteFormat (23).eln”自动命名并导出。

双击导出文件，自动激活 CNKI E-Study 文献管理软件，在弹出的【导入窗口】中，点击左下部【新建学习单元】标签，并命名为“新建学习单元 5”，点击【导入并下载】所选文献将导入到“新建学习单元 5”中，并自动完成下载。

10.**文献管理与使用**。在【CNKI E-Study】界面中点击左侧【学习单元】标签，将“新建学习单元 5”重名为“纪实摄影”，右侧则显示已下载的文件，双击就可以进行文献阅读模式。在文献阅读模式下，可以选择重要的论点，点右键“快速添加笔记”进行标记。

案例二：Web of Science 引文检索实例

实验要求：近年来，国外电视节目模式（TV Format）被我国电视台大量引进和改编，请在 Web of Science 中以“TV Format”为标题检索字段，对检索结果进行引文分析，梳理其研究现状、总体分布、学科分布等，并将高引文献以 APA（6th）格式导出。

1.**访问数据库**。点击链接 http://www.webofknowledge.com 进入 Web of Science 首页，在【基本检索】输入“TV Format”，检索字段选为“标题”，点击【检索】按钮进行初步检索。

2.**文献初检**。初步检索共检索到 1254 篇文章，对文章标题进行浏览发现，存在以下问题：

TV Format 被拆分为 2 个词：如文章“Data processor e.g. TV receiver for use in transmission system, has process unit that is adapted to process broadcast signal and to add identification information for identifying transmission format of transmission frame”等，需要限定 TV 和 Format 的位置关系。采用“NEAR/0”作为限定符。

TV Format 中 format 存在 Format、Formats、Formatting 三种形式，为避免漏检采用截词法，将“format*”作为检索词。

另外，TV 是 Television 的缩写，保证查全率，也把“Television Format”作为检索词。

3.**表达式高级检索**。点击检索结果页面左上角的【检索】标签，重新回到检索窗口，在【高级检索】输入框中输入调整后的检索式“TI=((television OR tv)NEAR/0 format*)”并检索，在页面下方共出现 122 个检索结果，点击“122”进入检索结果页面。

4.**检索结果筛选**。在页面左侧【文献类型】，显示所有文献类型，在文献类型中发现存在大量专利（Patent）文献，Television Format 也是表示电视工业领域的电视制式、电视格式，在这里 TV format 是作为一类文化现象，不涉及专利，需在排除专利文献，选择“更多选项/分类……”，对检索结果进行精炼处理。

在弹出的【文献类型精炼】窗口，选中“PATENT(52)”，点击【排除】标签，将 patent（专利）文献排除检索范围。

以同样的方法对【研究方向】进行精炼，在【研究方向精炼】窗口，我们看到出现了很多与研究主题不相关的学科，如 ENGINEERING（工程学）、PHYSICS（物理学）、MATERIALS SCIENCE（材料科学）、BEHAVIORAL SCIENCES（行为科学）、MATHEMATICS (统计学)、 COMPUTER SCIENCE (计算科学)等，需对这些学科进行排除。为避免误删除，先选择【精炼】对这些文章进行浏览，确保与研究主题无关，再进行【排除】。经逐步排除，共检索到有效文献 58 篇。

5.**创建引文报告**。单击页面右上角【创建引文报告】，进入“引文报告”页面，显示的为所有文献的引用情况。以“TV Format”为标题的文献共有 58 篇，其中 h-index 指数为 6、总共被引频 142 次、最早的引用出现在 1978 年，2010 年以前引用量增幅较小，2011 年以后有较大增长，2017 年引用量为 37 次。引用量较高的文章有："TELEVISION FORMATS, MASTERY OF MENTAL SKILLS, AND ACQUISITION OF KNOWLEDGE"（27 次）、"At the origin of a global industry: The TV format trade as an Anglo-American invention"（23 次）、"The making of an entertainment revolution: How the TV format trade became a global industry"（22 次）"The Office Articulations of National Identity in Television Format Adaptation"（16 次）。

为直观显示也可点击左上角【导出数据】中"保存到 Excel"选项。在 Excel 表格个，可以看到与检索主题相关论文的年发文数、引文数的分布状况，高引文章的排序等数据。

6.分析检索结果。单击页面左上角【返回检索结果】，回到检索结果页面，点击【分析检索结果】进入结果分析页面，需要对研究方向、出版年、文献类型、作者、国家/地区、出版物、会议、团体/机构作者等进行分析。

研究方向分析：该主题的主要的研究学科有 COMMUNICATION（31 篇）、BEHAVIORAL SCIENCES（15 篇）、ARTS HUMANITIES OTHER TOPICS（7 篇）、FILM RADIO TELEVISION（7 篇）。在【研究方向分析】窗口，可对结果进行树状图和柱状图分析。选择相应标签后，点击"更新图表"完成对显示图切换。

时间分布：最早的文献出现在 1970 年，2009 年文献数量开始增长，2013 年 8 篇，2017 年 13 篇。

作者：在检索结果中，可以看出 CHALABY J K 和 CHALABY JK 为同一人，需对统计结果进行校正，主要研究学者有 CHALABY JK（11 篇）、ESSER A（3 篇）、MORAN A（3 篇）、CHUNG YOON KYUNG（2 篇），ANONYMOUS 为匿名作者不做统计。

国家地区分析：主要国家有英国（9 篇）、美国（8 篇）、澳大利亚（5 篇）、西班牙（3 篇）等，集中于欧美地区，这些地区的电视产业和模式贸易相对发达，研究文章数量存在相关性。

出版物分析：主要研究刊物有 *INTERNATIONAL JOURNAL OF DIGITAL TELEVISION*（8 篇）、*MEDIA CULTURE SOCIETY*（5 篇）*EUROPEAN JOURNAL OF COMMUNICATION*（3 篇）、*TELEVISION NEW MEDIA*（3 篇）、*BROADCASTING COMMUNACATION*（2 篇）、*KOREAN JOURNAL OF BROADCASTING AND TELECOMMUNICATION STUDIES*（2 篇），便于定向投稿。

机构分析：在机构分析中要注意区分机构的缩写，在检索结构中 CITY UNIVERSITY LONDON（6 篇）和 CITY UNIV LONDON（4 篇）为同一研究机构，需对结果进行再处理。主要研究机构有 CITY UNIVERSITY LONDON（10 篇）、

GRIFFITH UNIVERSITY（4 篇）、ROEHAMPTON UNIVERSITY（4 篇）、ARIZONA STATE UNIVERSITY（3 篇），这些检索结果对联系有关高校进行科研合作有一定的帮助。

7.**文献输出**：点击【返回上一页】回到检索结果页面，点击选择【排序方式】—【被引次数】，按被引次数进行排序，选择保存到 “Endnote Desktop”。

在弹出【保存到 EndNote】窗口中，选择“记录 1-20”，记录内容：“作者、标题、文献来源出版物、摘要”。点击【发送】标签，自动生成“savedrecs.ciw”文件。

8.**EndNote 文献管理**：在 EndNote X8 中，打开所导出的“savedrecs.ciw”文件，在【Bibliographic Output Style】窗口选择“APA 6th”格式。

APA 6th 期刊范例：

Author(s) of journal article – family name and initials, use & for multiple authors. (Year of publication). Title of journal article. *Journal name – italicised, Volume – italicised* (Issue or number), Page number(s). doi: xx.xxxxxxxxxx

Esser, A., & Jensen, P. M. (2015). The use of international television formats by public service broadcasters in Australia, *Denmark and Germany. International Communication Gazette, 77*(4), 359-383. doi:10.1177/1748048514568766

其中，doi 的全称是“digital object identifier”，数字对象唯一标识，通过它可以方便链接到论文全文，引用电子版的文献需要标注 doi 地址。

按照范例，由于导入的题录在字母大小写、姓名缩写等方面存在一定问题还需要进行再编辑，在题录上右键点击，选择【Edit References】对细节进行编辑，在【References】编辑窗口，点击左侧【Find Reference Updates】进行在线更新，对细节进行快速更新。

在更新后，出现偏差的内容会被标识出来，点击【Update All Fields】，对其进行替换。

处理完后，点击【File】-【Export】,在【Export File name】设置文件名为“TV format”,保存类型为*rtf,该格式能保留排版的样式，“Export Selected References”前面的复选框去掉，导出全部文献。

9.**溯源检索与延伸检索**。溯源检索是指在检索结果中查找引用文献记录，再通过这些相关文献所引用的文献，层层下去便可获得大量在此之前发表的文章。据此可获知某一概念是如何提出来的，其后有谁对此进行过勘误和修正，有哪些研究思路，哪些人还在从事与此相关的研究等信息，从而追溯某一项研究的整个发展历程。

延伸检索是指在一系列检索结果中通过点击其中每条记录的被引频次，可获得一系列在此之后发表的文章，从而跟踪课题的最新进展，了解这一理论或概念有没有被应用到新的研究领域，了解从事这一研究课题的其他学者的工作情况。

五、实验总结

对于较复杂的课题，往往一次很难检索到令人满意的结果，在检索过程中根据已经获得的检索结果进行调整，直到查到满意的结果。

（一）扩大检索范围

在检索词方面，可以使用布尔逻辑“或”连接同义词、近义词或相关词；使用截词算符。在保证核心词不变的情况下，放宽检索词对应的检索字段，以主题检索进行检索的范围比标题、关键词更大。取消或放宽各种检索范围限制条件，包括文献类型、学科类型、出版时间等。

（二）缩小检索范围

在检索词方面，使用“与”连接检索词。缩小检索词对应的检索字段，以标题或关键词进行更精确的检索。缩小各种检索范围限制条件，包括文献类型、学科类型、出版时间、语种等。此外，英文词组在检索过程中，要注意限定检索词的位置关系，以便提高查准率。

（三）其他免费学术资源

中国国家统计局：http://www.stats.gov.cn/

联合国统计司：https://unstats.un.org/home/

中国科学院文献情报中心 http://www.las.ac.cn/

丁香园：http://www.dxy.cn/

百度学术：http://xueshu.baidu.com/

小木虫：http://muchong.com/

六、扩展实验

实验 1：学术热点文献检索：要求学生根据所学专业，选取学科领域的任一研究热点进行检索，完成检索报告，并做成 PPT 进行展示。

实验 2：信息追踪去伪：要求学生从 2017 年度十大食品安全类谣言中任选其一，综合网络检索和文献检索方法完成内容检索进行辟谣。

七、参考书目

GB/T 7714-2015, 信息与文献 参考文献著录规则[S].

徐岚.信息检索实用教程(第2版)[M].北京:化学工业出版社,2017.

邹广严,王红兵.信息检索与利用(第2版)[M].北京:科学出版社,2015.

花芳,战玉华.文献检索与利用案例集锦[M].北京:清华大学出版社,2016.

颜世伟,柴晓娟.文献检索与利用实用教程[M].南京:南京大学出版社,2015 邱均平.信息计量学[M].武汉:武汉大学出版社,2007.

邱均平.信息计量学[M].武汉:武汉大学出版社,2007.

实验二　新闻评论

一、实验目的

新闻评论是就有价值的新闻事实和社会现象发表意见以指导实践的一种文体。作为一种写作形式，一种传播力量，一种社会存在，以传播意见性信息为主要目的和手段。新闻评论实验让学生了解新闻评论的一般原理，掌握新闻评论写作的基本技法和基本原则，旨在训练学生的批判思维，使学生在获取信息的同时，多角度思考、多种方式呈现观点，敢于针对新闻热点、热会问题发表自己的见解。

二、基础知识

（一）新闻评论的传播特点

1.新闻评论的社会功能

a.认识功能

b.教育功能

c.导向功能

d.监督功能

2.新闻评论与新闻报道的区别

a.反映内容不同：

新闻报道作用于受众的眼

新闻评论作用于受众的心

b.写作目的不同：

新闻报道终点——还原事实

还原事实——新闻评论的起点——评价事实

c.表达方式不同

新闻报道以记叙为主——清楚第一

新闻评论以议论为主——明白第一

d.材料处理不同

新闻报道和材料发生物理反应

新闻评论和材料发生化学反应

3.新闻报道与新闻评论的联系

都是以事实为由头，事件成为两者的关注点。

都追求时效性，反映当下现实。

二者也可以相互转化，报道衍生评论，评论也可以催生报道。

4.新闻评论的传播特点

传播内容——观点传播

传播节奏——新闻性议程

传播渠道和对象——大众传播

（二）新闻评论中的观点

1.论点的类型

按在评论中所处的地位，论点通常可分为两种：总论点和分论点

a 总论点

又称中心论点，在评论中处于支配分论点或论断的主导地位。在具体的评论作品中，评论者会根据一定的评论意图和对所论述事物的进行提炼、安排以表现总论点。

b.分论点

分论点又称子论点，它根据总论点论述的需要由总论点派生，并在评论中发挥着体现和支持总论点的任务，是评论主体为了更好地阐述总论点，分设的论述要点。

2.论点的要求：

新闻评论的论点要求做到正确、鲜明、中肯、新颖、隽永，才能挑起一篇评论的大梁。

正确：以马克思主义的立场、观点和方法作为分析工具，避免片面、孤立、不切实际。

鲜明：评论文章要摆明立场和态度，说清见解和想法。

中肯：以正确为前提，是在正确的基础上突出重点，力求论点切中要害，准确揭示事物本质或问题实质。

新颖：即观点具有独到之处，既要求“惟陈言之务去”，避免人云亦云、陈陈相因，也要求“师心独见”，蕴涵非同寻常的见解。

隽永：观点耐人寻味、发人深省，能够给人以启发，具有举一反三的效果。

（三）新闻评论中的叙事因素

1.理论性论据

主要指人类经实践验证而得的理论、经验，如人们发现自然、社会等的运行规律，以及人们普遍认可的或社会习惯的思想、观点、准则等。

2.事实性论据

这些论据是证明或说明论点的具体事实材料，是对客观事物的真实描述或“新闻评论的选题，简而言之，即选择新闻评论所要评述的事物或论述的问题，它规定着新闻评论的对象与范围。”

（四）新闻评论的论证

1.论证的分类

按照不同的分类标准，论证的方式有很多种，常见的有：

a. 证实和证伪。

b. 直接论证和见解论证。

c. 演绎论证和归纳论证。

2.论证的具体方法

例证法：例证法是用具体的事例论证观点的方法，是新闻评论说理中最常用的方法。

引证法：引证法是指运用已被实践证明的理论、原理、道理，来证明某个具体论点，这一论证方法主要体现在理论性论据的使用上。

喻证法：即运用形象的比喻论证观点的方法。“喻巧而理至”。

类比法：类似事物之间的比较论证，侧重于求同。

对比法：对比法是在两种截然相反的事物之间，或同类事物在不同条件下的比较论证，侧重于求异。通过比较以便更好地突出事物的本质，更透彻地论证道理。

反证法：反证法是通过否定对立面证实论点，或通过证实自己的论点否定敌论的论证方法。反证常常可以增强评论的论辩性和说服力。

假设法：推理时，先假设一种相反或相似的情况来进行论证，然后通过对假设情况的否定或肯定，来肯定或否定所要论述观点的正误。

归谬法：从本质上说，是一种特殊的假设论证，在说理时，先承认对方的观点是正确的，然后再根据对方的观点，按照逻辑进行合理的引申，直到最终得出不符合事实或违反公理的荒谬结论，从而把对方驳倒。

（五）新闻评论的结构

“四个步骤”：

第一步，陈述观点（包括对情况或问题的陈述）；

第二步，为你的观点提供理由；

第三步，提供支持你观点的事实；

第四步，提出解决问题的途径。

新闻评论结构的内在关系体现为语句、段落之间的逻辑性关系：具体与抽象的关系、支持与被支持的关系、让步与转折的关系、分述与概括的关系等。

（六）新闻评论的选题

1.选题的含义

“新闻评论的选题，简而言之，即选择新闻评论所要评述的事物或论述的问题，它规定着新闻评论的对象与范围。”

2.选题的性质

a. 选题的对象是要评论的事件或问题。

b. 选题的过程是一个价值判断的过程，评论价值的判断有三个方面：重要性、必要性、可行性。

c. 媒体的定位和传播对象不同，评论的选题往往也呈现出不同的范围倾向性，而且具有稳定性。

d. 选题是作者的认识结构与新闻事实之间的契合。

3.选题的影响因素

从选题作为价值判断的主体来理解。作者——认识主体；媒体——传播主体；受众——接受主体。受作者个人的价值观、立场、利益、知识结构、情感结构、观察视野和日常认识思考的影响，对于新闻媒体而言，则要受媒体和传播对象两方面因素的影响，特定的媒体和受众，也是判断价值的主体，从传播与接受的规律来看，评论选题往往也要受到特定时期媒体报道重心和社会关注倾向的影响。

4.选题的类型

事件性选题、非事件性选题、周期性选题

5、选题的原则

求真 务新 “上”“下”一致

（七）言论版

1.概述

言论版是现代国际报纸言论的一种成熟的形式，已成为当代报纸的普遍规范和制度。随着社会需求和市场化运作，我国报纸近年来也产生了言论版，并呈蓬勃发展之势。言论版不仅是承载言论的一个空间，而且是关于言论的一种操作方法、操作理念和制度。

汇集多种言论主体和言论形态的言论版，是当代世界报纸成熟发展的言论载体，有着大体相同的形态特征和规律,言论版为言论创造了良好的环境,使新闻评论的一些规律更为充分,言论版体现了言论特殊的聚合效应，促进了言论传播与接受的民主化。

2.报纸言论版的基本格局

内容包括社论、读者来信、专栏文章、漫画、新闻图片。形式上有“内报头”“对页”。

三、实验工具

办公软件、视音频播放及编辑软件等

四、实验内容

案例一：优秀报纸评论评析

没有对基本事实的认同，就无法对话

前段时间一个体制内的朋友跟我传授他的当官心得和体制内的生存之道，其中一条是“越左越安全”。他认为有些事情，不管对不对，不管理解不理解，跟着喊口号就是，永远不会错。对一些事情，宁愿上纲上线，宁愿走过头和扩大化，宁愿走到极端、走到让人反感的地步，也不能让上级感到有任何一点儿不到位的地方。对一些理论和教条，明知道已经脱离时代脱离现实，但只要有“革命”的外衣，生搬硬套就是了，这样最安全。这样的观点还常与民粹主义和狭隘的民族主义结合在一起，以“打倒权贵”和“替弱势群体代言”自居，加大了这种姿态的迷惑性。

不知道这种“越左越安全”的理念是如何形成的，这是一种对党和国家极不负责任的态度。党和国家在历史上曾吃过左的苦头，付出了血的教训和惨痛的代价，不能让“越左越安全”的谬误和错觉泛滥成灾。

与体制内部分人秉持“越左越安全”对应的是，网络舆论场中流行着一种对立的态度，就是“越右越正义”。对国家和政府越表现出激烈的批判姿态，逢中必反对，逢美必叫好，越是站到政府的对立面，在自由放任和无政府上走得越彻底，越会喊自由民主的口号，越容易被打扮成正义的“斗士”，受到部分网民的追捧和欢呼。在这种“越右越正义”的氛围中，甚至连杀警察的杨佳都被捧成了斗士。

一边自以为“越左越安全”，一边坚持“越右越正义”，这两种极端的思潮不仅自说自话，在舆论场上还互相强化——站在极左那一边的，把极右当成敌人，以那些极右观点为敌，论证自身存在的正当性和正统性。反之，极右也把极左当成敌

人，那边的面孔越左，越刺激着一些人充满正义地朝着越右的方面狂奔。两种极端声音的喧嚣和交锋，使本就稀薄的共识更加模糊，也使舆论场充满混乱。

显然，两种极端取向都与中国的发展和改革轨道背道而驰，我们的改革需要一种务实的、客观的、尊重现实国情的理性态度，谨守常识，避免极端主义。《人民日报》也曾经批评过舆论场中那种非此即彼、非友即敌、非红即黑的极端主义思维方式：因为有消极腐败现象，就把国家说得一无是处；因为有为富不仁，就对所有富人怨、恨、怒；小悦悦事件发生了，就断言世风日下已至道德末日；“最美”出现了，又认定道德滑坡根本不存在。

无论是某些地方官场流行的“越左越安全”，还是网络舆论场上的“越右越正义”，都无视基本的事实和逻辑，把姿态摆在比事实更高的位置。其实，很多时候人们对一些问题的基本看法并没有差别，什么是美，什么是丑，什么是是，什么是非，什么是光荣，什么是耻辱，这些都有基本的社会共识——人与人最大的问题不在价值观差异，而在看到的事实不一样。不同的人选择性地看到了不同的事实，就得出了不同的价值判断。

最典型的就是，前段时间美国纽约时报广场跨年夜之后垃圾遍地，就在中国舆论场引发了一场激烈的口水战：有人得出的判断是“美国人原来也一样乱扔垃圾”，有人的判断是“以后不要一提乱扔垃圾就都骂中国人了”，有人的判断是“美国人乱扔不能反证中国人乱扔垃圾就光荣了”——其实如果大家都注意到“美国为了反恐需要，大型集会时临时撤掉垃圾箱，让大家把垃圾扔地上，集会结束后统一清理”这个事实，双方分歧就不至于那么大，也不至于成为攻击对方的武器。还有最近南都记者暗访警察吃娃娃鱼一事所激起的警媒对立一样，关键事实被忽略，理性和中立声音被淹没，彼此的情绪被几个标签在哄抬。

没有对基本事实的认同，就没有对话的可能，双方都停留在各自编织和想象的“事实”空间中越走越偏执。经过30多年的改革开放，中国已经成为一个各方面都正常的现代国家，社会的主流和基本面都是力挺改革的：爱国，支持现有的改革方向和渐进策略，认同共产党领导的改革取得了巨大的成就，不想回到可怕的“文革”，厌恶人治追求法治，信奉市场而又警惕市场化局限，也觉得中国有自己的国情，无法把西方那一套照搬过来。这种主流认知下，极左和极右都是不得人心、没有市场的。这种社会基本面下，秉持“越左越安全”和“越右越正义”都会被人们当作与社会格格不入的怪物。

文章原发于《中国青年报》2015年02月03日 02版 作者：曹林

文章电子链接：

http://zqb.cyol.com/html/2015-02/03/nw.D110000zgqnb_20150203_1-02.htm

点评：报纸新闻评论往往具备议题重大、说理严肃深入、富含附加值等特点。

曹林的这篇文章，是一篇较好的报刊新闻评论。

从选题上看，作者善于从生活工作中发现线索，以小见大。以朋友的实际遭遇和心态，引出当前社会“左”和“右”两种思潮的对立，这实际上是多年来一个很热门同时很重大的话题。而从评论角度来说，作者试图深入探讨“左右之争”在现实中的极端演变和危害，选择了“左右之争”不能只埋头吐口水，而应该多寻找共识这一角度，可谓是在老话题中找到了一个较新的角度。从论证上来说，作者通过举例和说理，分别论证了“越左越安全”和“越右越正义”在现实中的情形及其相应危害，指出过分“左”或者过分“右”、不分青红皂白地“对骂开战”，无益于社会进步。而从修辞来看，作者使用了反复、对比、引用等手法，让新闻评论的说理更具说服力。

总之，这是一篇说理深入、论证严密扎实、对读者具有一定启发性和附加值的报纸新闻评论。

案例二：优秀网络新闻评论评析

真相别总靠“倒逼”

5月2日，黑龙江庆安县火车站候车大厅发生枪击事件，一名叫徐纯合的男子，被执勤民警开枪击倒死亡，引发民警用枪是否合理等争议。

随后，有媒体通过调取监控录像，试图还原当时现场情况。但完整的录像并未公开，而网上流传的一个视频片段，以及一些与此事有关的信息不断被挖出，让枪击事件更加疑云重重。

有报道称，被击毙男子徐纯合系上访人员，因乘车遭遇阻拦，与车站人员和执勤民警发生冲突；而那段不完整的现场视频显示，徐纯合面对持械的民警，似乎在躲闪。然而片断无法呈现事态原貌，也不是引发民警开枪射击的关键一刻，但已令人对警方介绍的情况产生了疑问。

另外，当事人当场死亡的悲剧，老母幼女目睹一切的惨痛，以及上访人员的不幸遭遇，很自然引发人们的同情和关切。尤其是在警察开枪引发争议的背景下，为消除人们对持枪“任性”、用枪不规范的疑虑，就需要提供更多真相，尤其是民警开枪之前发生了什么。

真相的欠奉致使人们去周边挖掘。于是第一时间慰问开枪民警的副县长被“人肉”，被举报学历造假、妻子吃空饷。虽然与枪击事件关系不大，但副县长躺着“中枪”，是舆论的曲线救国，目标还是指向枪击案真相。

严格来说，民警开枪的决定是否适当，跟被枪击者的身份也没有直接关系，只与当时到底发生了什么，是否构成“明显而现实”的危险有关。人们关心徐纯合的上访人员身份，也是为了揭开他过激行为的肇因：是他被阻拦上车，还是阻拦别人上车，是否首先对执勤民警使用暴力，有没有对民警和其他人的安全造成严重威胁。

站在公众的角度，选择站在弱者一边，并对警察开枪的权力保持警惕，除非对方是罪大恶极或有现实危险的人，这也是公众关心死者身份的心理基础。正因如此，有关部门更应公布完整的录像和调查结果，来证明开枪的决定必要和适当。

对死者身份诉求的追问、副县长的廉政问题，这些看似与枪击事件无关的事，都指向更多的真相。仅靠有限的信息公开和警方人员讲述，显然无法平息公众的疑问，更无法缓解人们对开枪的疑惧。既然事发在众目睽睽之下，现场也有监控录像，不妨公开完整的视频，邀请更权威中立的部门参与调查，以此赢获公信力。

认真负责的调查，及时主动的公开，是对突发事件最好的应对。掌握了更多传播主动权的公众，需要更多真相，而且真相不能总靠“倒逼”。

文章首发于新华网，2015 年 05 月 09 日，作者：丁永勋

文章链接：http://www.xinhuanet.com/local/2015-05/09/c_1115230905.htm

点评：相比于传统媒体的新闻评论，新兴的网络新闻评论具有“小、快、灵”的特点，甚至一两句话就可以成为网络评论（比如，新闻背后的网友跟帖）。某个新闻事件发生后，网络新闻评论需要在最快时间表明态度、廓清是非。

这篇文章之所以可贵，在于选题上看，文章及时抓住了当时的社会热点话题、甚至是涉及公检法部门的有些敏感的话题——庆安枪案。而从评论角度（立意）来看，文章没有一味求新和咄咄逼人，而是选择了在敏感时间节点上，比较稳妥的角度——呼吁真相要主动公开，而不能被动倒逼。立意的稳妥，在如今的舆论环境下，完全可以理解。从论证来看，作者借助已知的新闻报道、网友爆料和相关材料，论证不主动公开真相，当地可能面临被动，论证严密、环环相扣，步步深入。在行文修辞上，作者没有动用太多，而是采用列举例证和类比的形式，来说明不主动调查和公开真相可能后果很严重。以小见大，看似文章平淡，但已具有足够的“火药味”。

五、实验总结

第一，不要把新闻评论当作一个十分神奇的东西，很多同学一想到它是一种新闻体裁就感觉好像很高端、很神秘似的。其实不然，类似《南方周末》上的评论很多都是一些自由职业者撰写，所以首先自己思想上不要被吓到，就当作写作文。

第二，要注意新闻评论写作的一些基本的特点。新闻评论是比较自由的，就是针对新闻事件发表评论。一般新闻评论在形式上不会有很长的段落，往往是分成较多短小的段落，语言比较精炼，但是比较通俗易懂。

第三，基本的分析思路。大家拿到一个新闻事件，想到发表评论，很多同学会担心写不出来。那么这个时候你可以选择比较稳的方式来分析这样一个事件。那就是“是什么”“为什么”“怎么办”，而分析的角度最常见的则是道德、法律。

第四，评论写作的基本安排。首先做的是对新闻事件的简述，在第一段或者第二段，当然最开头可以用比较经典的话语做引子，引出新闻事件；然后发表简单的看法，做简单的意见陈述；再做适当的联想，联系历史、国内、国外等相关事件；然后做自己的具体的分析，在分析之前就想好从哪几个方面，道德、法律、教育等，这要看你拿到什么事件，从什么方面比较好分析；再就是说具体的解决这些问题的方法；最后用比较漂亮的几句话做结尾。中间会在自己的论述后安排小的段落做相关的评论。这样安排文章的段落就比较丰富，层次也还清晰。

第五，建议写作之前列出提纲，比如大致的行文安排、突出的观点等等。

第六，积累好的词句、观点。上述所说的第三点的行文安排中想做到那样几点都是需要积累的，你的文章开头需要好的句子、好的典故等等都需要积累。例如《南方周末》在评论去年毕节五个小孩死于垃圾桶的事件时就联想了美国的小孩保护法律、政策、南宋理宗设置“慈幼局”，理宗其志向为街边没有因饥饿而哭啼的孩童等等，这些都是知识的积累，如果你可以在你的评论中做相关的运用，绝对是加分的部分。

六、扩展实验

实验 1：新闻漫画评论：要求学生根据新闻素材，运用传统的绘画手法，艺术地评说时事。

实验 2：广播电视评论：要求学生根据新闻素材，制作一则 5-10 分钟的电视评论视频。

实验 3：新闻诗词评论：本实验项目要求学生根据新闻素材，运用传统的诗词写作手法，艺术地评说时事。

七、参考书目

沃尔特·李普曼.公众舆论[M].阎克文，江红，译.上海:上海人民出版社，2006.

布鲁克·摩尔，理查德·帕克.批判的思考[M].余飞，谢友倩，译.上海:东方出版社，2007.

徐贲.明亮的对话:公共说理十八讲[M].北京:中信出版社，2014.

阿维纳什·K·迪克西特, 巴里·J·奈尔伯夫.策略思维:商界、政界及日常生活中的策略竞争[M].王尔山,译.北京:中国人民大学出版社, 2002.

查尔斯·扎斯特罗.社会问题:事件与解决方案[M].范燕宁,蔡鑫,韩丽丽,等,译.北京:中国人民大学出版社, 2010.

萨伯.洞穴奇案[M].陈福勇,张世泰,译.北京:生活·读书·新知三联书店,2009.

詹姆斯·P·斯特巴.实践中的道德[M].李曦,蔡蓁,译.北京:北京大学出版社,2006

马少华.新闻评论教程[M].北京:高等教育出版社,2012.

实验三　图片拍摄与编辑

一、实验目的

在当今这个读图时代，图片在媒体中的作用愈加明显，特别是在新媒体和互联网背景下往往“一图胜千言”，这就对摄影技艺提出了新的要求。摄影不仅是一种以光和影作画的造型艺术，因其所具有的纪实性和形象性等特点，已成为多领域、多学科、多行业进行科学记录和形象表达的工具。

本实验不只是加深理解和巩固所学的理论知识，更能使学生掌握摄影的基本实验技能，学会正确使用摄影器材，正确设置光圈和曝光速度，掌握构图原理和光线的运用技巧，分析摄影作品的优缺点，并结合电脑软件 Photoshop 对图片进行后期处理，设计并完成图片作品的创作，提高学生图片创意的能力。

二、基础知识

（一）图像分辨率

图像分辨率是指图像中存储的信息量，具体是指每英寸图像中含有的像素点数，通常用“像素/英寸（Pixel，l Per Inch ，PPI）”表示，如某图像的分辨率为 300ppi，则该图像的像点密度为每英寸 300 个。在图像尺寸不变的情况下，高分辨率的图像比低分辨率的图像包含的像素多，像素点较小，因而图像更清晰。用于电子屏幕和用于打印图像的分辨率要求有所不同，在进行图像拍摄与处理时根据不同的需求设置合适的分辨率。

（二）色彩

亨利·马蒂斯曾有一句著名的评论：“些微的红比满目的红更红。”刘希济也觉得芳草和罗裙的颜色相似，吟出了“记得绿罗裙，处处怜芳草”的绝美诗句。不难看出，色彩潜在影响着我们生活的各个方面，而色彩的搭配会直接影响到人们对信息的接受程度。色彩在物理学上来说，是由不同波段的光在人眼中的映射，色彩在图像拍摄和处理中也是至关重要的一环。

1.色彩三要素

视觉所感知的一切色彩，都具有色相、饱和度、明度这三种最为基本的性质。同时，色相、饱和度和明度是不可分割的，我们在应用时必须综合考虑这三个因素。

a.色相

色相是色彩的首要特征，是区别不同色彩的标准。除黑、白、灰以外的其他颜色都有色相属性。不同的色相也能够给人不同的心理感受，例如，红色能够给人一种激情、热烈的视觉感受，蓝色能够给人一种静谧、冷静的视觉感受，黄色能够给人一种明亮、欢快的视觉感受。因此，在进行图像拍摄和处理时，需要把握色相与人心理感受的联系。

b.饱和度

饱和度又被称为纯度，通俗意义上讲就是色彩的鲜艳程度。一种颜色的饱和度越高，它就越鲜艳；颜色的饱和度越低，它就越接近于灰色。

图片的饱和度越高，就越能够引起人的注意，但过高的饱和度会给人造成视觉疲劳甚至产生反感的情绪；图片的饱和度越低，画面就越“柔和”，但是过低的饱和度会让画面产生不通透的感觉。

c.明度

明度是指色彩的明亮程度。色彩的明度有两种情况：一是同一色相不同明度，例如浅蓝色和深蓝色，由于在不同的光照下或是加入黑色（白色）以后产生不同的明暗层次；二是各种颜色的明亮程度，例如黄色的明度就比较高，而紫色的明度就比较低。

同样的，明度与心理感受之间也有一定的联系。较高的明度能够给人一种轻盈、纯真、恬静的心理感受，较低的明度能够给人一种神秘、庄重、含蓄的心理感受。因此，我们可以用明度来构建不同的画面风格。

2.色彩模式

色彩模式是指图像在显示或打印输出时定义颜色的不同方式，常用的色彩模式有 RGB、CMYK、HSL、Lab、位图模式、灰度模式等，在这里我们详细介绍三种使用频率较多的色彩模式。

a. RGB 色彩模式

RGB 图像的颜色由红（R）、绿（G）、蓝（B）三原色混合而成，因为三种颜色都有 256 个亮度水平级，所以三种色彩叠加就形成 1670 万种颜色，也就是真彩色。因为是通过色彩叠加而产生颜色，因此该模式也叫加色模式。在图像编辑中，RGB 模式也是最佳的色彩模式，因为它可以提供全屏幕 24bit 的色彩范围，当 R、

G、B 值都为 0 时，像素颜色为黑色；R、G、B 值都为 256 时，像素颜色为白色；R、G、B 值相等时，像素颜色为灰色。

b. CMYK 色彩模式

CMYK 图像的颜色是由青（Cyan）、洋红（Magenta）、黄（Yellow）和黑（Black）四种色彩混合而成。相较于 RGB 颜色，CMYK 采用的是减色模式，其原理可以简单地理解为当阳光照射到一个物体上，这个物体先吸收一部分光线，并将剩下的光线进行反射，反射的光线就是我们所看见的物体颜色，CMYK 也被成为最佳的打印模式。

c. Lab 色彩模式

Lab 色彩模式是国际照明委员会（CIE）于 1976 年确定的一个理论上包括了人眼可以看见的所有色彩的色彩模式。因此，Lab 模式可以得到很多不常见的颜色，弥补了 RGB 和 CMYK 两种色彩模式的不足。

（三）摄影基础知识

1.设定文件格式

目前，数码相机的存储格式主要有以下两种：

a.JPEG 格式

JPEG 是 Joint Photographic Experts Group（联合图像专家组）的缩写，文件后缀名为“. jpeg”，是最常用的图像文件格式，也是一个可以提供优异图像质量的文件压缩格式，设置为 Jpeg 格式所拍摄的照片，在相机内部通过影像处理器已经加工完毕，可以直接出片，如图 3-1 所示。但需要注意，Jpeg 是一种有损压缩格式，也就是它在压缩的过程中丢掉了原始图像的部分数据，而且这些数据是无法恢复的。

图 3-1. JPEG 文件格式

b.RAW 图像格式

其实不应称为“图像格式”，因为它只是一个数据包,因相机型号、品牌的不同而不同。如图 3-2、图 3-3 所示，RAW 格式与 JPEG 格式有较大的不同，它可以根据对图片的需要进行手动精细调整，可对图片的对比度、色彩、白平衡、曝光补偿、清晰度、眩晕度、阴影、高光控制、镜头暗角修正等进行调整，可以去除图片中暗部的噪点、紫边、调整暗角等，数码拍摄的图片中大部分问题可以通过调整 RAW 文件得到有效的缓解或解决，使图片达到我们理想中最佳的效果。

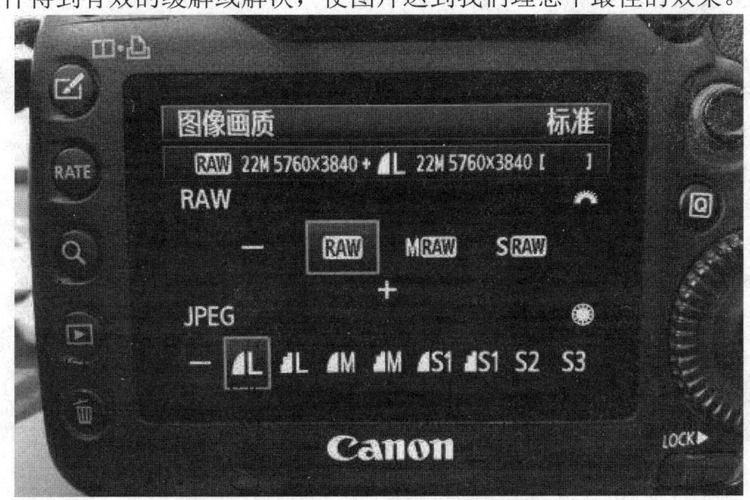

图 3-2 RAW 文件格式

约1800万有效像素的图像记录画质

图像画质	记录的像素	文件尺寸	可拍摄数量※	用途
L（大）	约1800万像素	约10MB	约800张	A3尺寸
M（中）	约800万像素	约6MB	约1300张	A4尺寸
S1（小1）	约450万像素	约4MB	约2000张	A5尺寸
S2（小2）	约250万像素	约2MB	约4000张	A6尺寸
S3（小3）	约35万像素	约0.3MB	约26000张	名片尺寸
RAW	约1800万像素	约30MB	约200张	A3尺寸

※以安装8GB存储卡为例。

图 3-3　JPEG 文件格式与 RAW 文件格式比较

2.白平衡设置

在不同的光线条件下，由于感光芯片输出的不平衡性，容易造成拍摄画面的色彩失真，如偏蓝、偏红和偏绿等。白色物体变化最为明显，例如，在室内钨丝灯光下，白色物体会偏向橘黄色调；在晴天的树荫下，会带有蓝色调。设定白平衡的目的是拍白色物体时，数码相机输出红、绿、蓝信号相等，白色的物体呈现正常的白色，这就称数码相机处于正常白平衡状态。一般的数码相机都具有自动和预设（阴天、晴天、荧光灯、白炽灯等）白平衡功能，专业数码相机还具有手动白平衡调整功能，必须根据实际光线和拍摄环境来调整白平衡，如图 3-4 所示。

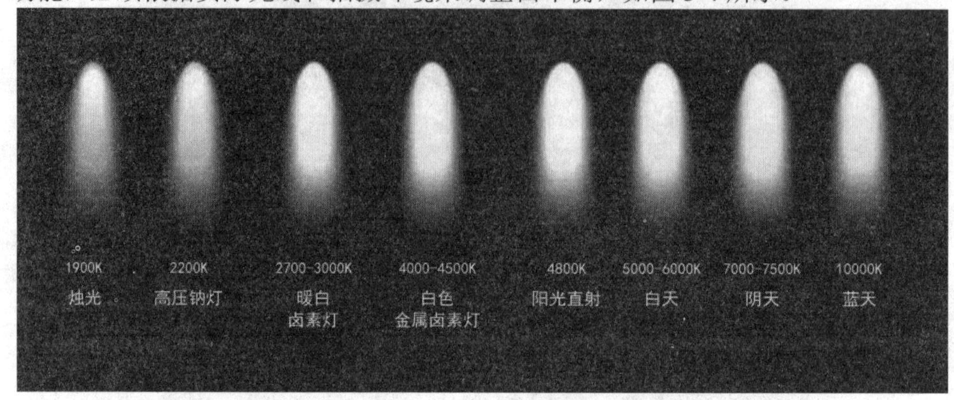

图 3-4 不同光源的色温

a.自动白平衡设置

如果在顺光、单色光线及有足够的照明亮度的环境和光线下，则设置为自动白平衡一般能取得不错的拍摄效果，如图 3-5 所示进行自动白平衡设置。

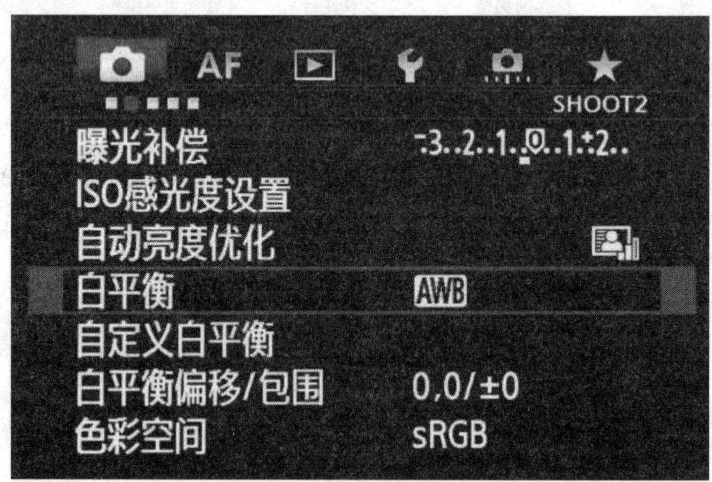

图 3-5 自动白平衡设置

b.预设白平衡

使用预设白平衡调节时，如图 3-6 所示，需要根据不同的拍摄环境和光线条件来选择预设的白平衡模式。

图 3-6 预设白平衡

3.设定测光模式

摄影曝光前提是准确的测光。我们可以使用数码相机的内测光进行测量。在拍照之前，我们要正确地设置照相机的测光模式。数码照相机的测光方式主要有分区综合测光、中央重点测光和点测光三种类型，如图 3-7 所示。

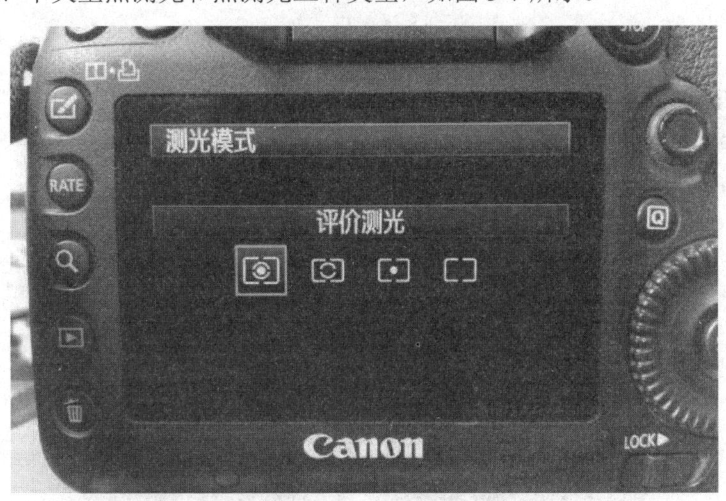

图 3-7 选择测光模式

a.评价测光

测光模式的默认设置，广泛用于风景拍摄、抓拍等多种场景。以自动对焦点为中心，总的说来，它适合阳光正面照射被摄体、顺光条件下的测量光照。

b.局部测光

测量灰色圆形部分的光亮，测光范围相对较窄。可用于拍摄人像特写。

c.中央重点平均测光

类似局部测光模式，但对周围的光线也做出一定反应。注重画面中央部分亮度，同时平衡整体画面亮度。我们要关注测光范围对中心偏重的程度和对中心面积的确定上。

d.点测光

点测光仅对灰色圆形内的亮度进行测量，可用于强烈逆光等，仅对人物面部亮度进行测光的场景。点测光的使用依赖于摄影经验，对于拍摄者的技能要求是最高的。

4.设定曝光模式

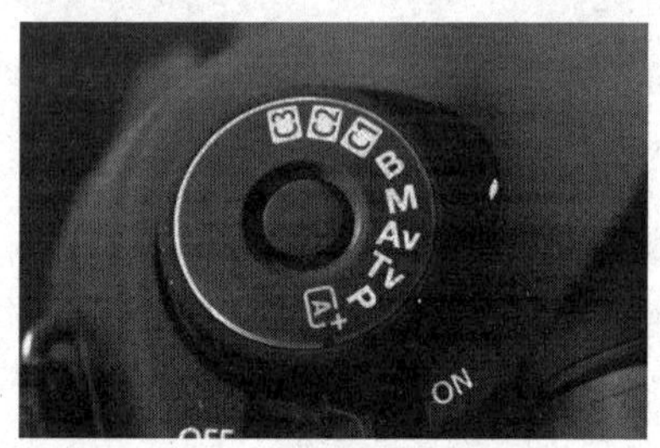

图 3-8 曝光模式转盘

a.“Av”——光圈优先曝光模式

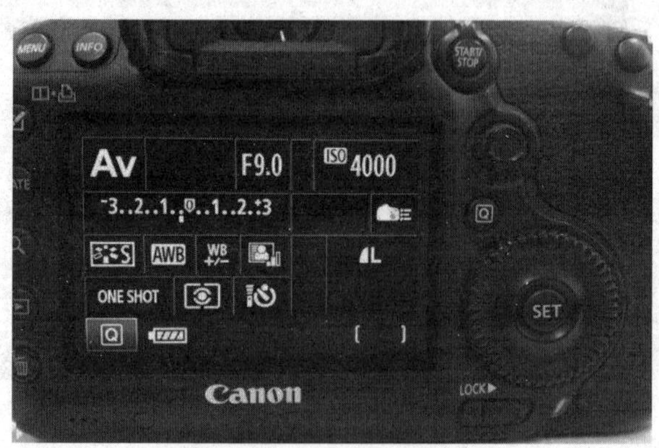

图 3-9 光圈优先曝光模式设置

如图 3-9 所示，光圈优先模式就是手动设定镜头光圈的大小，相机会根据这个光圈值确定快门速度。在光圈优先的模式下，选择光圈的同时，相机将自动选择可产生最佳曝光的快门速度。小光圈增加画面景深，大光圈柔化背景细节并让更多的光线进入照相机，同时增加闪光灯的有效范围。由于光圈的大小直接影响着景深，日常拍摄中此模式使用最为广泛。在拍摄人像时，我们一般采用大光圈长焦距而达到虚化背景获取较浅景深的作用，这样可以突出主体。同时较大的光圈，也能得到较快的快门值，从而提高手持拍摄的稳定。在拍摄风景这一类的照片时，我们往往采用较小的光圈值，这样景深的范围比较广，可以使远处和近处的景物都清晰。

b.“Tv”——快门速度优先曝光模式

图 3-10 快门速度优先曝光模式设置

与光圈优先相反，快门优先是手动设定快门速度的大小来进行曝光，如图 3-10 所示，相机会根据这个快门值确定光圈大小。在快门优先的自动模式下，当你选择快门速度的同时，相机将自动选择产生最佳曝光的的光圈，快门的速度可以被设定为相机快门的最慢或最快速度，使用低速快门可以模糊物体表和动作现动态效果，高速快门可以“定格”高速运动的物体和动作。快门优先多用于拍摄比赛中的运动员、行驶中的车辆、奔腾的河水、飞行中的小鸟等。

c.“P”——自动程序曝光模式

图 3-11 自动程序曝光模式设置

如图 3-11 所示，在自动程序曝光模式下，相机将依照内置程序来自动调节快门速度和光圈大小，在快照和其他可以由相机控制快门速度和光圈的情况下可使用该模式。

d.“M”——手动曝光模式

图 3-12 手动曝光模式设置

如图 3-12 所示，在手动曝光模式下，你可以精确设定快门速度、光圈大小、感光度等一切可以设置的因素，通过取景器中的电子模拟曝光显示，也可根据拍摄条件和拍摄目的来自由地调整曝光设定和曝光补偿，它是摄影拍摄模式中自由度最大的设置方式，这也是专业摄影师最常采用的曝光模式。

e.“A+”——全自动曝光模式

图 3-13 全自动曝光模式设置

如图 3-13 所示，照相机自动地设定好所有必要功能。例如逆光、黄昏、暗光条件等需要闪光灯的情况下，内置闪光灯会自动弹起来并闪光。全自动模式的适用范围非常广泛，从无意间发现的风景到纪念照以及抓拍都可以使用这种模式，拍摄者只需要决定构图，并按动快门按钮就可以了。

5.曝光控制

曝光控制就是对拍摄画面明暗的控制，如图 3-14 所示，一个曝光合适的画面，可以记录下丰富的色彩细节和明暗层次，适合观众的视觉感受。相反，曝光不足就会丧失画面中的细节，影响观众的观看体验。曝光控制涉及主要光源、拍摄对象、镜头光圈、快门和感光度等诸多因素。

图 3-14 同一场景的曝光不足、正常和过度的画面效果

在数码相机拍摄时，可以通过光圈、快门和 ISO 来控制曝光。光圈大，镜头纳入的光线多，画面就越明亮，画面的景深小。相反，光圈小，得到的画面就越暗，

画面的景深大；快门与曝光的关系是快门速度越慢，得到的画面就越明亮。相反，快门速度越快，得到的画面就越暗。ISO 与曝光的关系是 ISO 越高，得到的画面就越明亮。相反，ISO 越低，得到的画面就越暗。基础的曝光控制其实就是调整这三者之间的关系，让它们互相配合，来获得合适的曝光。在拍摄中，创作者往往需要根据现场的实际情况，如图 3-15 所示，利用各种光线条件，反复调整这三者之间的关系，来实现自己追求的艺术效果。

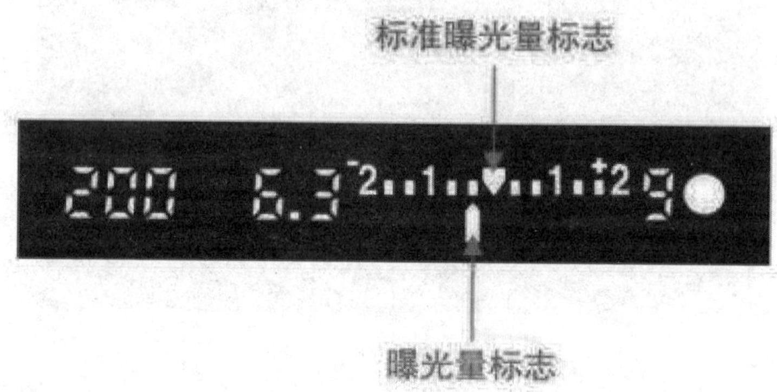

图 3-15 在数码相机内的曝光表调整曝光

a.快门速度控制

快门速度有两个基本的原理：首先是指快门打开时间越长，一帧画面内就会捕捉越多的动作，其中的运动物体将会变得模糊；其次是快门打开时间越长，一帧画面就会获得越多曝光，画面就越亮。

图 3-16 快门速度

如图 3-16 所示，快门速度的控制也要根据实际的拍摄对象和画面要求来进行选择。在拍摄对象或数码相机无移动或移动较慢时，采用慢速快门拍摄的对象是清晰的。比较低的快门速度，可以创造出超现实、回忆或幻觉的效果。当拍摄对象或数码相机移动速度较快时，此时采用高速快门。

b.感光度（ISO）控制

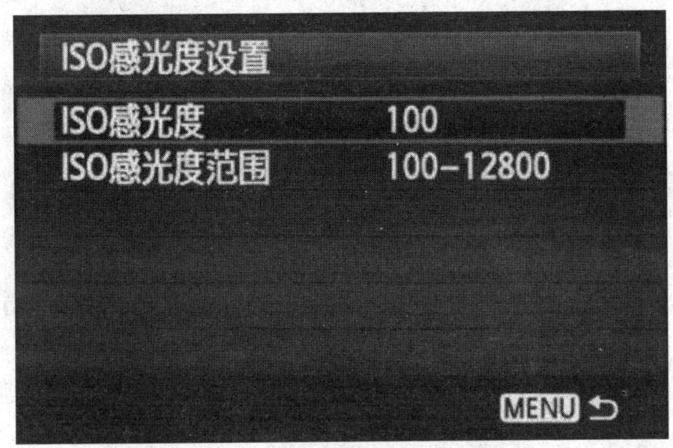

图 3-17 感光度（ISO）设置

数码相机的感光能力需要一个标准去量化，ISO 大小就是用数据来表示数码相机感光元件对光线的敏感程度，如图 3-17 所示。

在照度不足和光线很弱的情况下，可以通过提高 ISO 感光度的方法来实现正常曝光、消除手持拍摄时的抖动和运动物体的瞬间动作。随着感光度 ISO 的增加，画面像素颗粒变大和产生噪点，在同样的情况下，暗部会比亮部产生更多的噪点。

c.光圈大小控制

为适应不同的照明条件，镜头通过改变光圈孔径大小来控制进光量。光圈用 F 值表示，F 值一般有 F1.4、F2、F2.8、F4、F5.6、F8、F11、F16 和 F22 等。大光圈时候画面的景深小，小光圈时画面的景深大，如图 3-18 所示。

图 3-18 不同镜头光圈大小及拍摄画面的景深效果

d.曝光补偿控制

如图 3-19、图 3-20 所示，通过曝光补偿可以使摄制的画面向亮（曝光过度）

和暗（曝光不足）两个方向偏移，摄影师要根据实际拍摄情况来具体判断选择。

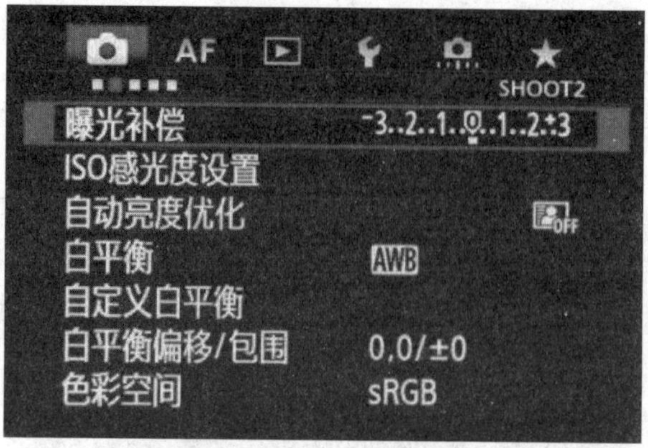

图 3-19 曝光补偿

当数码相机面对黑色物体时，测光体系会判断此物体亮度不足，曝光数据会自动增加曝光量，这样拍摄出来的画面就会偏亮，黑色物体变亮就呈现灰色，要拍摄黑色物体时应该使用减光补偿。数码相机面对白色物体，测光体系会判断此物体亮度高，属于过亮，曝光数据会自动减少曝光量，这样拍摄出来的画面就会偏暗，白色物体变亮就呈现灰色，所以，要拍摄白色物体时应该使用加光补偿。使用数码相机拍摄时，最好的做法是精确的曝光，或者让曝光不足一些，因为在后期剪辑中把暗的画面提亮比压暗曝光过度要容易一些。一般是要确保高光区域的曝光准确，尤其是天空。

图 3-20 机身上的曝光补偿设置

6.焦点控制

焦点控制问题是对摄影师的大考验。在数码相机聚焦方式中有自动聚焦（AF）

和手动聚焦（MF）两种方式，如 3-21 所示。

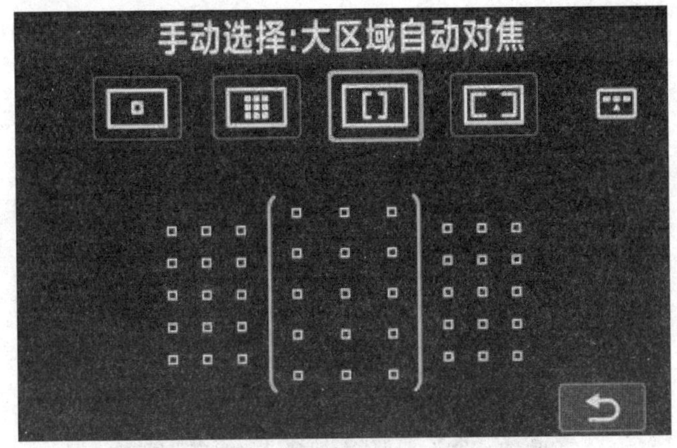

图 3-21 区域对焦设置

a.自动聚焦（AF）

数码相机自动聚焦在拍摄静态图片和固定镜头时比较有效，如图 3-22 所示。对于拍摄连续运动的物体和运动镜头存在一定的困难，自动聚焦系统受照明、物体亮度和被摄物运动速度等条件的影响很大。拍摄距离改变较快的物体，自动聚焦速度跟不上，画面会时而出现不实；主体前有景物，自动聚焦系统以距离最近的景物聚焦，会造成主体不实。在拍摄黑暗中的目标时，自动聚焦系统会无法对准拍摄对象。自动聚焦系统是靠不停地检测拍摄距离来调整镜头焦点时，会耗掉大量的电能，所以，当在野外使用电池拍摄或需要节电时，应用手动聚焦。

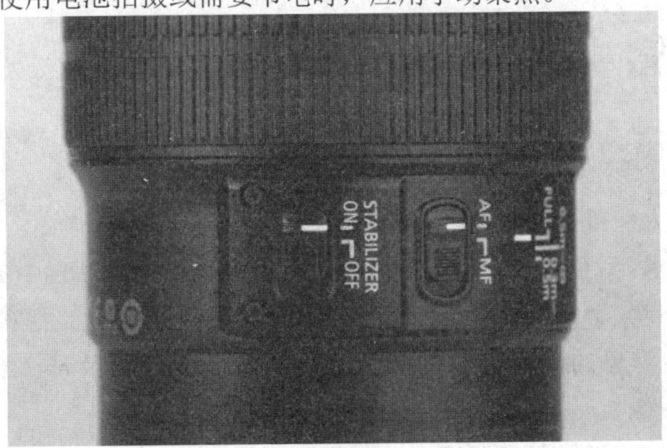

图 3-22 自动聚焦设置

b.手动聚焦（MF）

如图 3-23，手动聚焦拍摄可以按照创作者的意愿对焦和变换焦点，保障主体的清晰度。其前后转换焦点过程的画面效果十分别致，但要注意的是焦点转换应当有内在联系，手动聚焦拍摄也是一种创作方式，如结合大光圈长焦距拍摄，虚化背景突出主体，画面非常漂亮。

图 3-23 手动聚焦（MF）设置

手动聚焦具体的操作方法是：确定光圈、焦距和物距之后，调整好合适的构图，然后按机身背后，液晶屏右侧的多功能钮，将液晶屏中白色小方框调整到要对焦的位置，然后按机身背后，右上角的放大按钮。按下第一次为放大 5 倍，按第二次为放大 10 倍。然后对着放大后图像，转动对焦环，对准焦点。焦点对准无误之后，再按一次放大按钮，画面就恢复为正常状态，就可以拍摄了。

三、实验工具

数码相机、微单/单电数码相机、智能手机、Photshop 图像处理软件。

四、实验内容

案例：人像摄影创作及图像后期处理

实验要求：以创作者“我是彩虹”为主题的人像摄影，要拍摄 5—10 张照片来尽情展现当代大学女生的形象、个性、品质、兴趣、激情、爱好和理想等，以加深观众对被摄对象的综合印象与判断。同时把拍摄的照片导入计算机后，利用 Photoshop 图像处理软件对画面进行编辑提高影像的品质。

1.Photoshop 中色阶的编辑处理

色阶用于调整图像的明暗程度，色阶的调整是使用高光，中间调和暗调三个变量进行图像的色调调整。这个命令不仅可以对于整个图像进行操作，也可用于图像某一选取范围、某一图层图像或者某一颜色通道。执行【图像】-【调整】-【色阶】

的命令，打开如图 3-24 所示的【色阶】对话框。

图 3-24 色阶处理面板

【输入色阶】选项中有 3 个选项框。第一个选项框用来设置图像的暗部色调，低于该值的像素变为黑色，取值范围是 0～253；第二个数字框是用来设置图像的中间色调，取值范围是 0.10～9.99；第三个数字框是用来设置图像的亮部色调，高于该值的像素变为白色，取值范围是 1～255。

【输出色阶】选项中有 2 个数字框，左边的数字框用来提高图像的暗部色调，取值范围是 0～255；右边的数字框用来降低亮部的亮度，取值范围是 0～255；在输入色阶或输出色阶选项的直方图中，分别有三个和两个黑色三角滑块，分别对应了【输入色阶】或【输出色阶】数字框中的参数，可以通过拖动滑块来改变相应的数值，达到调整色阶的目的。

在对话框右下方有三个吸管工具，用黑色吸管单击图像，图像上所有像素的亮度值都会减去该选取色的亮度值，使得图像变暗，使用灰色吸管单击图像，Photoshop 将以吸管单击的像素亮度来调整图像上所有像素的亮度；使用白色吸管单击图像，图像上所有像素的亮度值会加上该选取色的亮度值，使图像变亮。

2.Photshop 中亮度与对比度的编辑处理

使用【亮度/对比度】命令可以调整图像的亮度和对比度，这个命令在照片处理中应用频繁，执行【图像】—【调整】—【亮度/对比度】命令，打开【亮度/对比度】对话框，如图 3-25 所示，当在【亮度】选项中输入负值时，图像亮度减低；输入正值的时候，图像亮度增加。当在【对比度】选项中输入负值时，图像对比度减低；输入正值的时候，图像对比度增加。在对话框中，直接输入数值或者使用鼠标拖动滑块就可以对图像的亮度与对比度进行调整。

图 3-25 亮度/对比度处理面板

3.Photoshop 中曲线的编辑处理

曲线的调整是 Photoshop 中颜色和色调调整命令中，选项最丰富，功能最强大的工具，它允许调整图像色调曲线上的任意一点。Photoshop 中曲线可以调节全体或是单独通道的对比，调节任意局部的亮度、颜色。打开【图像】-【调整】-【曲线】命令，出现曲线对话框，如图 3-26 所示，曲线的水平轴表示图像的亮度值，即图像的输入值，色调曲线的垂直轴表示图像处理后的亮度值，即图像的输出值。

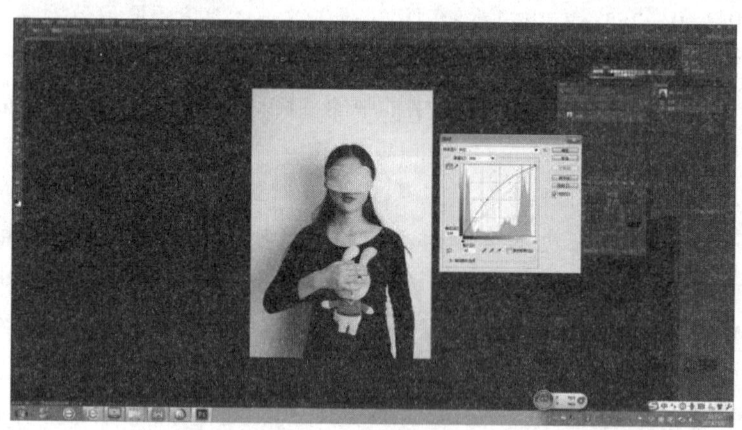

图 3-26 曲线处理面板

4.Photoshop 中色彩平衡的编辑处理

照片偏色的情况在数码摄影中是很常见的，对于明显的偏色是一定要纠正过来的，对于一张偏色的影像，首先判断偏的是什么颜色，然后使用【色彩平衡】命令降低所偏颜色的颜色值，进行偏色处理。

图 3-27 色彩平衡处理面板

在 Photoshop 中打开一幅照片，如图 3-27 所示，首先打开【信息面板】，用鼠标在照片中寻找一块单纯的颜色进行检测（例如一块白色、黑色等），可以看到信息面板上 RGB 参数值中 R 和 B 值较高，可以判定照片偏红色和蓝色。执行【图像】-【调整】-【色彩平衡】命令，打开【色彩平衡】对话框，拖动不同颜色上面的滑块，对色彩进行调整,校色规律是欲减黄、品红、青，加深蓝、绿、红；欲减蓝、绿、红，加深黄、品红、青。

5.Photoshop 中色相和饱和度的编辑处理

在 Photoshop 中打开一幅照片，执行【图像】-【调整】-【色相/饱和度】命令，如图 3-28 所示，在打开的“色相/饱和度”对话框中，当在【色相】选项中输入相应的数值时，图像色相改变，取值范围是±180；当在【饱和度】选项中输入相应的数值时，图像饱和度改变，取值范围是±100；输入正值的时候，图像饱和度增加。当在【亮度】选项中输入相应的数值值时，图像明暗程度改变，取值范围是±100，输入正值的时候，图像亮度增加；在对话框中，直接输入数值或者使用鼠标拖动滑块就可以对图像的色相、饱和度和亮度进行调整。如果对于照片的质量还不满意的情况下，就可以对于照片中个别的颜色进行调整；通过调整“色相/饱和度”还可以改变照片中特定的颜色，制作出特殊效果的照片，比如说单色的艺术效果照片或黑白老照片等。

图 3-28 色相/饱和度处理面板

6.Photoshop 中照片效果的自动化处理

Photoshop 的【调整】菜单中包含的自动处理命令有【自动色阶】、【自动对比度】、【自动颜色】。如图 3-29 所示，这些命令利用计算机自动查找像素的明暗并进行调整，可以调整图像的整体效果。但是这些操作只是适用于一般化的处理，对于数码精细的调整，还是要寻求上述几方面的手动操作处理。

图 3-29 照片效果的自动化处理

7.Photoshop 中锐化图像的编辑处理

a.锐化图像

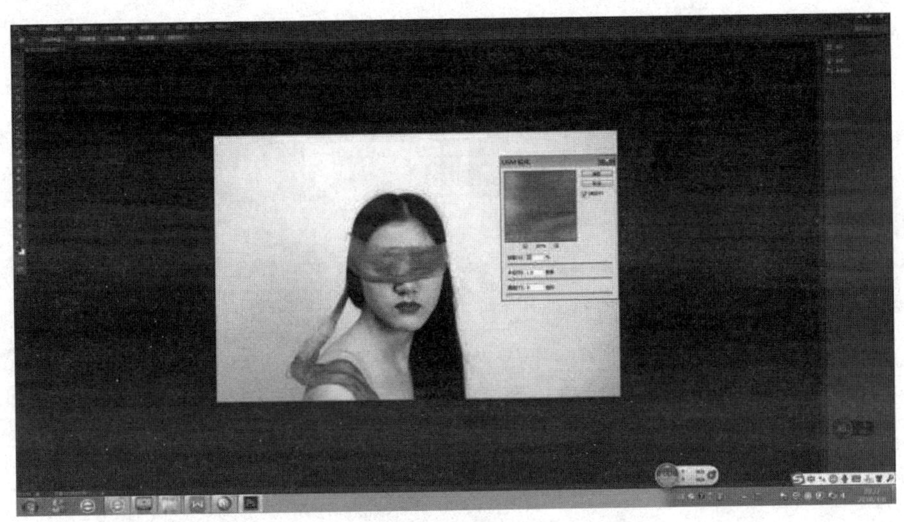

图 3-30 锐化处理面板

锐化（Sharpening）是每一个摄影师必须面对的问题，不管你是胶片扫描还是直接使用数码相机。锐化可分为机内锐化和后期锐化。这里主要探讨 photoshop 软件后期锐化的问题。如图 3-30 所示，锐化必须具体情况具体分析，没有高质量的锐化就没有好的作品，这个观点也越来越被广大数码摄影师所接受。因为数码照相机在转换信号过程中必定损失细节,得到的图像最终都会有某种程度的“失真”。

b.Photoshop 软件锐化原则

永远在锐化前保留一份原始备份。Photoshop 是个不可逆过程，一旦锐化存储后，再次打开文件将不能恢复到锐化前的状态。一定养成这种专业习惯！

锐化永远是图像后期处理的最后一步,在你开始锐化前应该完成所有的图像修改和调整，比如对比度、色彩平衡、饱和度、高光阴影等等。如果锐化后再调整图像将会显著恶化图像的整体像质。

宁可用低半径（Radius）、高数量（Amount）锐化两次、多次，也不用高半径（Radius）、低数量（Amount）锐化一次。半径（Radius）决定锐化的范围，用高半径（Radius）来锐化会很容易出现晕环（Halo）。你可以试用半径（Radius）0.5 锐化 1 次，0.3 再锐化 1 次。效果可能比用 0.8 锐化 1 次要好一些。宁可锐化不足，不可锐化过度。

c.Photoshop 后期锐化的技巧

【数量（Amount）】:每张照片都有所不同，具体情况具体操作，没有一定之规。Amount 数值应该跟照片尺寸有一定的关系，小尺寸的照片相对给的数值小一些。

【半径（Radius）】:首选 0.3、0.5、0.8 这样的值。人像 0.5 或 0.3 比较合适，风景 0.8、0.7 都可以，避免使用高于 1 的数值。

【阈值（Thounsand）】:这个值一般设为 0 即可。虽然理论上讲可以设定大于 1 来改善锐化后的噪音，但实践中好像用途不大。

8.Photoshop 中裁切照片的编辑处理

在 Photoshop 中打开一幅照片，如图 3-31 所示，在工具箱中选择【裁切】工具，在要保留图像的左上角拖动鼠标，直到将需要的图像框取。将鼠标放置在裁切框的外边，当鼠标变成双向箭头时，拖动控制点可以对于裁切框的大小进行调整，位置进行旋转，如要保持裁切框现有的高宽比例不变，在调整控制点的同时按住“Shift”键即可，最后直接按下“Enter”键盘确认裁切操作，或者按裁切工具属性栏上的确认按钮即可。

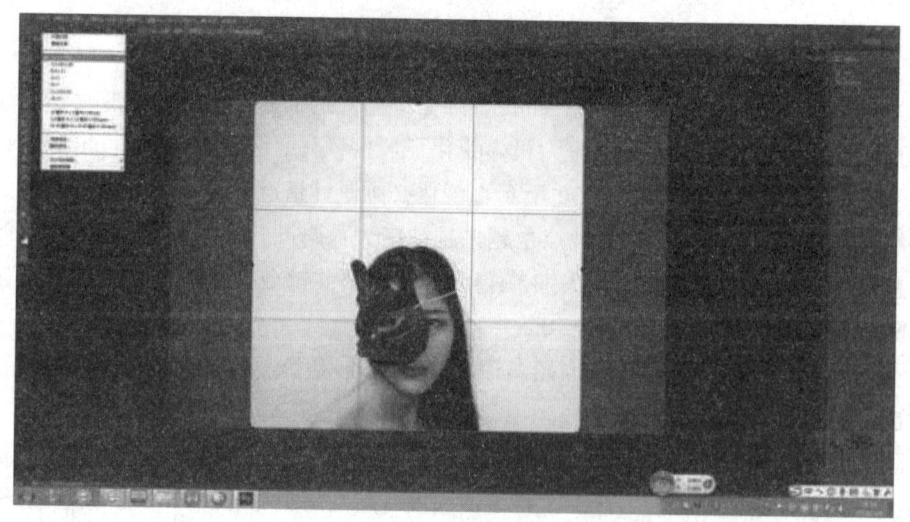

图 3-31 裁切示意图

五、实验总结

第一，准备与策划：在实际摄影创作中，拍摄前首先要做好精密的方案和充足准备，根据主题人像摄影进行拍摄方案的策划，主要包括画面影调、构图形式、布光效果、质感表现、风格特色、器材道具和任务分工等诸方面，最后把整体策划方案落实，用草图结合文字的方式完成一份摄影策划书。

第二，执行推进：在摄影执行推进方面，要根据实际合理的预算资金，进一步寻找模特、道具和布置拍摄场地完成拍摄。一组优秀作品要拍摄多次，甚至几天或几个星期的时间。

第三，后期制作：在数码摄影中，后期修图是最后的重要环节，几乎所有的成品都需要经过修整，这需要熟悉和掌握图像后期处理的精修、抠图、调色、合成等各种常规技术手法。

第四，其他注意事项：手持数码相机拍摄最大困难是在于保持画面的稳定，可以从以下几个方面注意。拍摄时身体要保持放松，不管采用什么姿势拍摄，一定要避免拍摄者似站非站、似蹲非蹲的身体状态，多利用现成的支撑物如树木、墙、座椅和扶栏等撑着拍摄者的身体，在室内可以放置在桌子、椅子和其他物品上，找个东西垫好相机。

如果被摄对象距离数码相机比较远，则宁可走近拍摄对象，也不要在远处用长焦端拍摄，而是要尽量靠近被摄对象。镜头的广角端的拍摄范围大，微小的抖动在画面里反映也不明显，尽可能利用镜头的广角进行拍摄。可以开启相机机身和镜头的防抖功能，在一定程度上减轻画面的抖动。

六、扩展实验

实验 1：新闻摄影：掌握摄影机的基础操作（用光、构图等）和新闻摄影的要点，完成新闻摄影作品的拍摄。

实验 2：体育摄影：掌握摄影机的基础操作（用光、构图等）和体育摄影的要点，完成体育摄影作品的拍摄。

实验 3：专题摄影创作：任选校园主题进行多组图片的专题拍摄，并在 Photoshop 中完成图片的编辑。

七、参考书目

武文丰.数码相机高清视频拍摄与创作[M].北京:科学出版社,2016.

任悦.1416 摄影辞典[M].北京:中国摄影出版社,2015.

美国纽约摄影学院.美国纽约摄影学院摄影教材 [M].北京:中国摄影出版社,2011.

实验四　版式设计与编排

一、实验目的

版式设计是实现报纸、杂志、网页、书籍、海报甚至手机 APP 等媒介视觉呈现的重要手段，是指在版面上将图片、文字等视觉元素按照一定的方式和方法进行排列组合，使其在视觉上能够更加清晰准确地传达信息。本实验旨在使学生掌握版式设计的基本概念与实践方法，并结合 InDesign 软件的编排各类图文素材，结合平面构成、网格应用、视觉流程等艺术传达形式，在一定的构图方式、版式编排和形式法则下创作出具有美感的平面设计形式。

二、基础知识

（一）版式设计的原则

1.主题应鲜明突出

在做任何版式设计之前必须确定主题，了解目标受众的需求。任何设计作品都需要明确自己的读者群，版式设计亦是如此，如广告、报刊、书籍之类。版面离不开内容，更要体现内容的主题思想，用以增强读者的注意力和理解力。

2.形式与内容应统一

版式设计必须符合主题的思想内容，这是版式设计的基本前提，只有先深入领会其主题的精神，再融合自己的思想情感，才会体现出它的使用价值和艺术价值。

3.布局结构性

版式设计需强化整体的结构组织，如水平结构、垂直结构、斜向结构和曲线结构等。通过版面图文之间的整体组合与协调编排，使版面产生秩序美，从而获得良好的视觉效果。同时，还需强化文案与版面的协调性，将文案中多种信息组合成块状，使版面具有条理性，从而获得更良好的传播效果。

4.版面要有趣味性与独创性

版式设计中的趣味性，主要是指形式上的趣味。如果版面无多少精彩的内容，就要在创作中运用艺术手段，增加版面的趣味性，从而更吸引人打动人。对于趣味性的实现，可以采取多种方式。而独创性，则是突出版式设计的个性化。鲜明的个性是版面设计的创意灵魂。

5.阅读流畅性

阅读流畅性能够让读者进行流畅地阅读，有效地获取信息，让读者在图文结合中“发现”的惊喜，同样也是版式设计中的一项非常重要的原则。在进行设计，应遵循读者的阅读习惯，可采用“从左往右”“从上往下”“邻近相连而远距离意味着分开”等策略。任何一种逆向设计，都应当慎重考虑。

（二）版式设计的类型

版式设计的类型主要包括骨格型、上下分割型、左右分割型、中轴型、曲线型、倾斜型、对称型、重心型、三角型、并置型、自由型、放射型、圆圈形等。

1.骨格型

骨格型是较为规范的版面分割方法。常见的骨格类型包括竖向通栏、双栏、三栏、四栏和横向的通栏、双栏、三栏、四栏等。一般以竖向分栏为多。按照骨格比例对图片和文字编排后，往往会给人以严谨、和谐和理性的美。

2.上下分割型

上下分割版式是将整个版面分成上下两部分，在上半部或下半部配置图片（可以是单幅或多幅），另一部分则配置文字。图片部分会显得感性而有活力，而文字部分则会显得理性而静止，整个版面自然会产生一种动静对比关系。

3.左右分割型

左右分割型是将整个版面分割为左右两部分，分别配置文字和图片。左右两部分形成强弱对比，造成视觉错觉，这是一种视觉习惯上的问题，但总体来看，不如上下分割型的版面流畅自然。如果能将分割线虚化处理，或者使用文字左右重复穿插，可以减缓这种视觉错觉。

4.中轴型

中轴型版式是将图形作水平方向或垂直方向的排列，文字配置在其上下或左右。水平排列的版面，会给人稳定、安静、平和以及含蓄的感觉。垂直排列的中轴型版面，则会给人一种强烈的动感。

5.曲线型

曲线型版式是将图片和文字按照曲线形态排列，这样会使整个版面产生韵律感与节奏感。此类版式在化妆品、女性服饰广告中多为常见。

6.对称型

对称型版式分为绝对对称和相对对称（即均衡）两种。一般多采用相对对称手法，以避免版面的过于严谨。对称型版式往往会给人稳重、严肃和理性的感觉。

（三）版式设计的基本流程

1.信息整理

首先要确定主题，将其中涉及的信息统一列举出来，尝试将无用或者多余的信息删除，留下必备的信息元素，接下来将这些信息进行归类，并且划分这些类别的优先级，确定画面中的重要信息。

2.确定版心和页边距

“版心”是指承载画面内容的区域，也被称作“排版空间”，其中不能放置内容元素的叫作“页边距”，版心的大小称为“版心率”，要根据具体的内容确定版心率的大小，过大或过小都会影响到最终的效果。

3.确定画面主体

主体元素其实就是画面中占用面积最大的元素，它可以是文字信息也可以是图片或者插画等多种形式，画面主体最重要的作用就是建立视觉吸引，成为画面中最大的视觉焦点。选择的主体元素进行合理编排，同时为其他内容信息提供编排空间。

4.功能分配

在上述元素都确定之后，下面就要对之前整理的信息进行功能分配，将重要的信息放在显眼的地方，不主要的信息放在次要的地方，同时将有关联的信息以群组的方式摆在一起，这样受众就会很容易将它们辨识成同一类信息。

5.视觉层级

根据其中元素的功能进行视觉上强弱的划分。划分的方法很多，常用的方式就是将强调的元素进行放大，不用强调的元素进行缩小，以此将每一个群组进行视觉上的强弱划分，当观者视线聚焦在某一群组时，可以清晰地区分内容信息。

6.确定配色

决定了版面的基本框架之后，下面要进行的就是配色，配色主要由主题、概念、气质决定，不同的颜色能够表现出不同的气质。通过合理的配色来传达画面的主题。

7.字体选择

字体的选择在版面的设计中也非常的重要，根据所选字体的不同，最终的效果也会有较大差异，切勿在版面中使用多种字体，因为多种字体本身会让画面更加混乱。

（四）版式设计中的两大视觉要素

1.文字的编排与设计

文字作为设计中突出的主要设计元素，作为高度符号化的视觉元素，已经越来越成为一种有效的形式语言和表现手段。

a.文字的基本要素

在版式设计中，一般的文字形式有页眉、引文、标题（大标题、中标题、小标题）、正文、注释（包括图片说明、解说词等），因此，当我们在进行版式设计时，要首先了解我们会用到哪些文字要素，以及它们的特性，这样才能方便我们后期的排版。

b.文字的四种特征

文字的四种特征包括：字体、字号、字间距、行距。对于字体的使用，我们需要格外注意。因为不同的字体具有不同的“性格”，例如黑体笔画均匀，让人感觉方正粗犷、简单醒目；幼圆笔画清晰、纤细均匀，字体棱角圆润，给人一种可爱的感觉；姚体笔画粗细优质，字体扁长，给人一种庄重、精致的感觉。如果我们在进行版式设计时，能够根据版面选择合适的字体，那么画面一定会增色不少。

c.文字的排列方式

在版式设计中，文字的排列方式主要分为一下四种：左右对齐，行首对齐，中间对齐，绕图排文。

左右对齐：从左端到右端的长度固定，这样的文字段落会显得整齐美观；

行首对齐：行首整整齐齐，行尾根据情况自行适当截止另起下行。

中间对齐：中间对齐会有一种对称美。

绕图排文：文字沿着不规则的图片边缘进行排列，会有一种灵动的感觉。

2.图片的排版与设计

a.图片排版的原则

在利用图片进行排版时，要注意图片的面积、数量、形式、组合、位置等多种因素。图片的面积，显示了其重要程度；图片的数量，会影响读者的阅读兴趣；图片的形式多种多样，要选择恰当的形式进行排版；图片的位置，关系到整个版面的构图与布局。

b.图片排版的造型

在版式设计中，图片的造型可以有多种，运用得较多的有对比、均衡、对称、等。

对比：大小对比、明暗对比、曲线对比、动与静的对比。

均衡：画面的平衡感。

对称：画面按照点、线的方式形成一种对称美。

三、实验工具

Adobe InDesign CC 2017

四、实验内容

案例：InDesign 版面设计实例

实验要求：用 InDesign 制作旅游宣传海报

1.**整理素材**。将需要的所有素材（图片、文字）进行收集，并汇总到一个文件夹中，如图 4-1 所示，以方便后期排版之用。

图 4-1 素材整理窗口

2.运行 Adobe InDesign CC.2017。新建一个文档，确定页面大小为 A4，如图 4-2 所示；然后点击【边距和分栏】，按照默认值即可，具体设置如图 4-3 所示，点击确认完成。

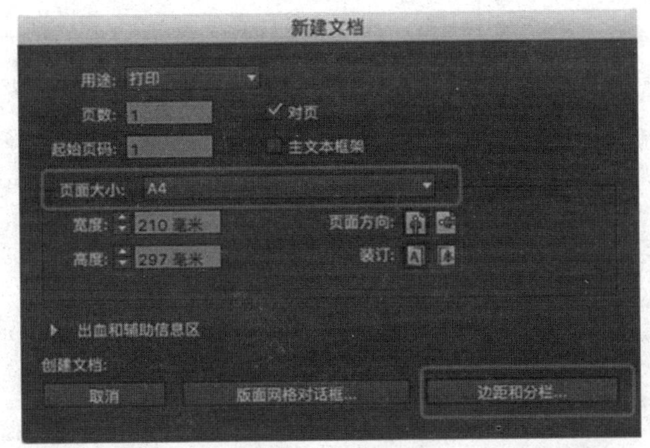

图 4-2 新建文档

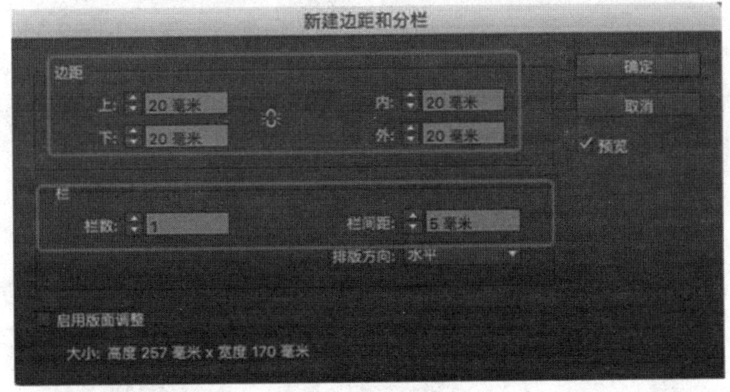

图 4-3 文档设置

3.**置入图片素材**。执行【文件】—【置入】操作，选择素材窗口中的“标题”图片，将其放到版面中，并适当调整图片的位置和大小，如图 4-4 所示。

图 4-4 置入标题图片

以同样的方法将“脚印”图片置入到背景中，效果如图 4-5 所示。

图 4-5 置入脚印图片

因为“脚印”图片属于装饰物，需要放到标题“来一场说走就走旅行”的下方，接下来用鼠标点击“脚印”图片，选择【排列】，再选择【后移一层】，如图 4-6 所示，将“脚印”移到标题下方。

图 4-6 排列素材

4.绘制图形。根据设计，需添加 4 个圆形以放置景点照片，点击左侧工具栏，选择【椭圆工具】，如图 4-7 所示。

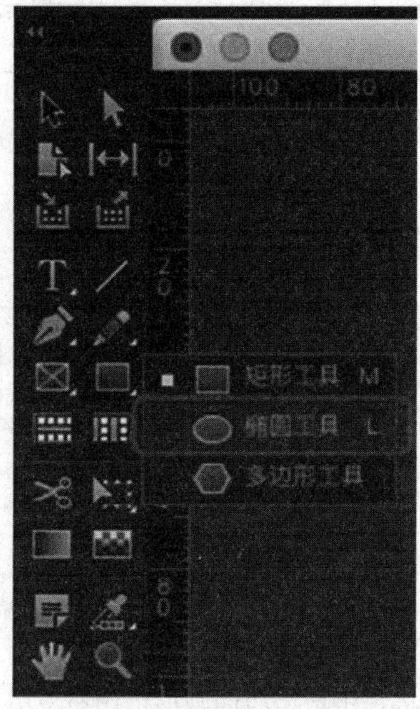

图 4-7 椭圆工具

然后回到文档页面上，选择恰当的区域，按住 shift 键，拉出圆形框，如图 4-8 所示。

图 4-8 绘制圆形

将鼠标左键放在圆形框上，按住【Alt+shift】向右水平拖出 3 个同样大小的圆形框，如图 4-9 所示。

图 4-9 复制圆形

5.**置入景点照片**。左键点击最左边的圆形框，然后用步骤 3 的操作，将景点“江南”图片置入到圆形框中，如图 4-10 所示。

图 4-10 置入景点图片

用同样的方法，在剩下的三个圆形中分别置入“故宫”“沙漠”“布达拉宫”三个景点图片，效果如图 4-11 所示。

图 4-11 置入景点照片

在图片置入后，可能会发现有些图片显示非常模糊，这时需要用右键点击图片，在【显示性能】下，选择【高品质显示】，如图 4-12 所示，图片即可清晰显示了。

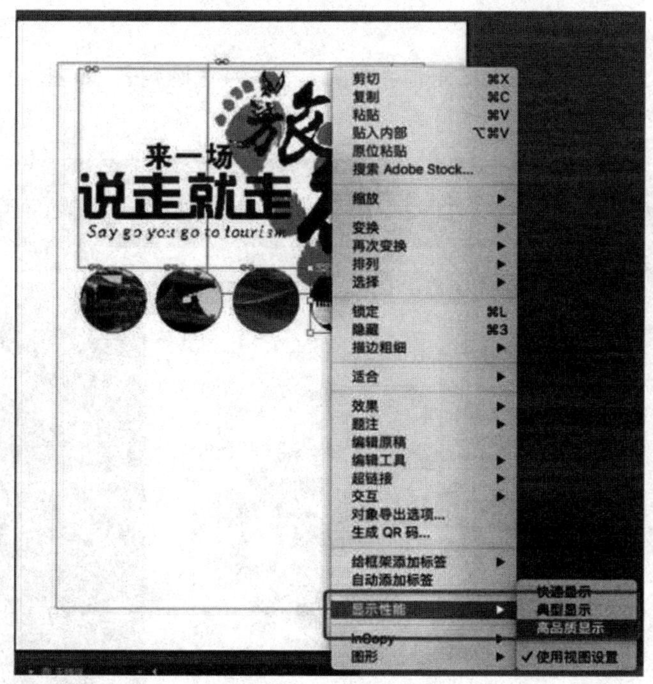

图 4-12 显示性能调整

6.制作文本底板。在文档版面中，选择恰当的位置绘制一个矩形框，如图 4-13 所示。

图 4-13 绘制矩形框

点击右上方编辑栏中的【角选项】工具，选择【圆角】，如图 4-14 所示，矩形框的四角就会变得圆润。

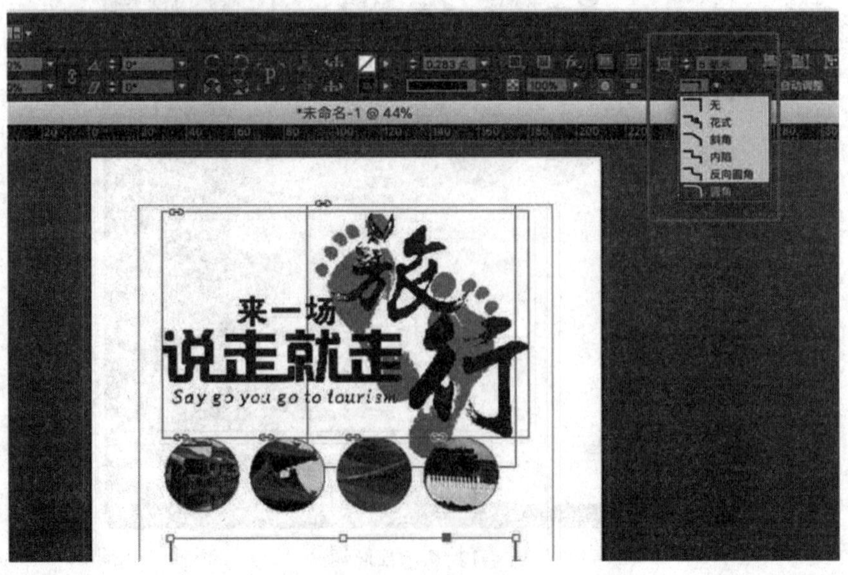

图 4-14 圆角调整

取消矩形框边缘颜色，点击矩形框，选择【描边颜色框】，将颜色选择为【无】，如图 4-15 所示，取消边框颜色。

图 4-15 调整边框颜色

点击【填充】按钮，选择色板中的黄色，将【色调（透明度）】调整为“20”，如图 4-16 所示，完成矩形框内部颜色的填充。

图 4-16 矩形框内部颜色填充

7.文字编辑。在矩形框上填充文字，选择界面左侧工具栏中的【文字工具】，如图 4-17 所示。

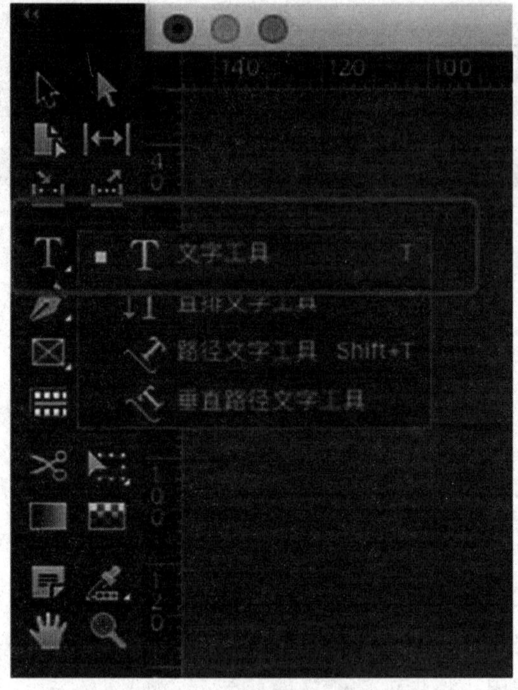

图 4-17 文字工具

在矩形框上选择合适的工具，划出文字框，输入“江南游”三个文字，字体选择“圆体”，字号选择为“18”，接下来填充小文字，为了跟主题文字有区分，我们将小文字的字体选择为“黑体”，字号选择为“10”，如图 4-18 所示，要注意文字的对齐、行距等细节。

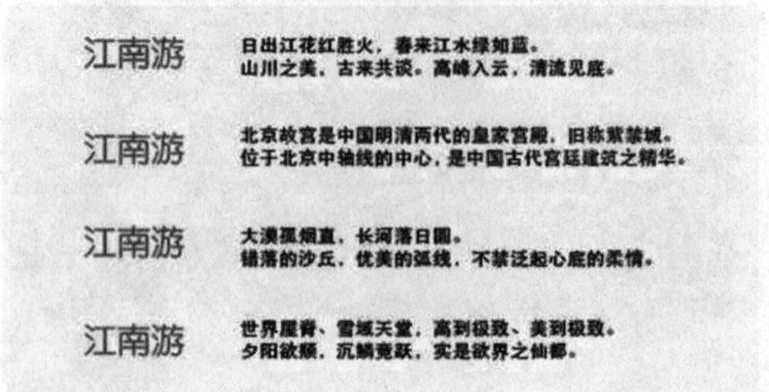

图 4-18 文字输入

8.**完成编辑**。最后将“草坪”图片置入文档底部，如图 4-19 所示，。执行【文件】-【导出】操作，选择“Adobe PDF（打印）”格式，导出设计文件。

图 4-19 置入草坪设置

9.**输出**。编辑完成后，对整个版面进行检查，调整细节。调整完毕后，点击右上方文件栏中的【导出】按钮，如图 4-20 所示。紧接着在弹出的对话框中，将该文件命名为“海报”，选择需存储的文件位置以及文件格式，如图 4-21 所示，最后点击【存储】按钮，完成所有操作。

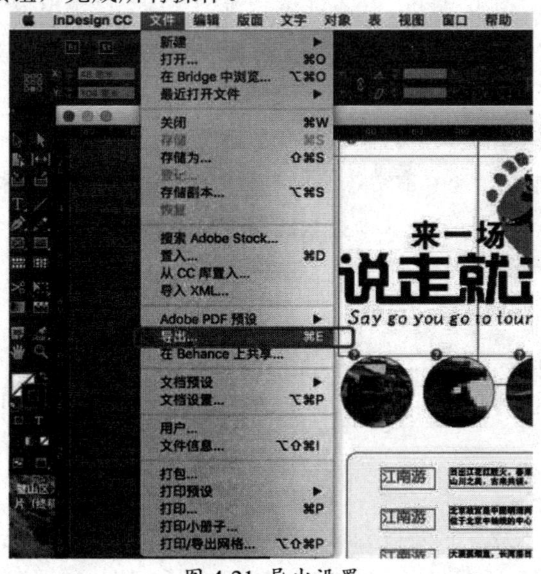

图 4-21 导出设置

图 4-22 存储设置

五、实验总结

“为什么别人字体就那么随意放一下就这么好看？”可能这是很多人在学习版式设计初期都会问的问题。其实通过这一章的学习，我们可以看到排版也有很大的学问，绝不仅仅是将漂亮的字体、好看的图片随意放在背景上这么简单。制作优秀的排版并不容易，雷区遍布，稍不注意就流于平庸。过于抠细节容易忽略整体的设计，过于强调视觉又容易忽视功能性，排版设计的误区之多难以想象。下面我们梳理了在版式设计中容易忽视的几个问题，供大家参考。

1.避免“拥挤的文字和密集的段落”

这是我们在排版设计中常常忽略的一种错误。字间距或者行间距的拥挤往往会降低文字的可读性，但是一味地拉大间距也会在视觉上造成松散的问题，因此要准确把握字体与字体、段落与段落之间的距离。

2.避免不合理的拉伸与压缩

在排版中，图片、文字等元素如果没有按照原始比例进行拉伸，会造成非正常的扭曲。要避免这个问题可以在 Indesign 中按住 Shift 键拉伸可保持图片进行等比例缩放。

3.避免层次结构混乱

在排版中，层次这个词是区分文本和不同元素的重要性的说法。以我们所熟知的报纸为例，标题阐述核心，尺寸最大，文字大写，粗体强调，其次是副标题，字号略小，再其次是正文，字体最小。如果打破了这种层次结构，就会产生版面混乱的问题，给读者带来困扰。

4.记得校对审核

校对审阅是排版的最后一关，但是往往会被我们所忽略。设计需要严格把关，最好通读全文，做拼写检查，确保没有语法错误、印刷错误。

六、扩展实验

实验 1：报纸排版设计：任选主题完成一张报纸的图文排版与设计。

实验 2：杂志排版设计：任选主题完成一本杂志的图文排版与设计。

七、参考书目

张鹏,王志敏.版式编排设计[M].北京:印刷工业出版社,2009.

杨倩,学瑛.版式设计原理[M].北京:北京理工大出版社,2013.

锐拓设计.7 天精通版式设计[M].北京:人民邮电出版社,2011.

周建国,常丹. InDesign CC 版式设计标准教程[M].北京:人民邮电出版社,2016.

实验五　影视剧本创作

一、实验目的

剧本创作是学生进行影视创作的基础，是讲故事、进行创意表达的第一步。本实验以案例为基础，运用戏剧创作原理和戏剧技巧，使构思好的故事与剧中的人物设置、情节结构、矛盾处理以及结局相互呼应，从而形成完整、流畅、跌宕起伏的剧本。提高学生用戏剧语言观察生活、体验生活、再现生活的能力，增强学生的影视原创能力。

二、基础知识

(一)剧本选题

1.取材

生活的戏剧性为我们提供了足够的剧作选题。学会在生活中汲取故事，是编剧成功的基础。观察生活中小人物的喜怒悲欢，体会生活的艰辛百态，可以使剧本创作更有真实感，更有情感的力量。如有新闻报道广西桂林 58 岁大爷穿女装 20 年哄母亲开心。这种暖新闻的素材特别适合微电影剧本创作来练习。

2.主题

选定题材后即将面对的问题就是，故事的主题是什么。故事的主题是剧本的精神内核，决定着剧中人物以及故事情节的发展。剧本的主题将一以贯之于整个剧作过程中。准确、明晰的主题有助于我们更加合理的规划和布局整部作品。“情感”是主题表达的主要内容，因此，爱情、亲情、友情等情感都是剧本的常见主题。

3.语言风格

想要用文字创作，最先想到的因素之一就是语言风格的问题。戏剧写作的情形也差不多。戏剧的语言除了推动剧情外，也是营造整出戏适当气氛最有效的工具之一。语言风格的取材范围越广，所能表现的空间也越大。

（二）故事梗概

确定了剧本的主题接下来就是要对整个故事进行概括。故事梗概是将故事的主要人物及矛盾冲突概括出来，以吸引读者。故事梗概也是考验剧作者把握故事结构，凝练主题的关键。

写好故事梗概要回答好以下几个问题：他是谁？他要做什么？他为什么要这样做？做这件事情的阻力是什么？他的最终目的能否实现？故事梗概作为剧本构思的基本思路，可以大致规划出整个剧本的情节结构。

（三）剧本创作

剧本创作阶段是故事展开的具体环节，它包括剧中的人物设置、环境设置和情节设置等。

1.人物设置——欲扬先抑

人物是剧本动作的承担着，剧本创作中人物的设置决定了剧中人物的关系的互动关系，从而直接影响戏剧情节的推进。在实际创作中戏剧情节的推进就是人物关系动态发展的结果。

a.人物设置要精练

对于微电影创作的剧本来说，人物的数量应该控制在三到五个人，着重塑造两到三个主要角色。篇幅较小的微电影剧本无法承载大量的人物，否则会削弱主要人物特点。

b.创造角色冲突

角色冲突是情节矛盾的主要体现。它包括角色与角色之间的冲突，还包括角色内心的自我冲突。

角色与角色之间的冲突形成了剧本的外在冲突。在微电影剧本构思中剧中人物关系的动态性发展一般表现为四个阶段："排斥——接近——理解——依靠"。人物在相互的冲突中逐渐相互了解，最终实现相互理解和并肩战胜阻碍的结局。

人物内心的冲突是剧作故事的内在情感线，主要人物内心的矛盾冲突能够体现其核心价值观念和主题。内心冲突是人物行动的直接驱动力，其语言、动作、神态都是也是性格特点的外化，体现着强大的情感张力。合理的内心冲突是维护角色性格特征稳定的基础，也是合理戏剧性的保证。人物内心冲突的起承转合也直接映衬着故事情节的起承转合。

c.设置压力情境

设置戏剧性情境的关键就在于让人物在情境压力中进行抉择。情境压力越大，对人物真相的揭示就越深刻。动态的情境，新的人物上场，新的事件进入，人物关系波动，环境变化等，都可能带来压力的改变，打破原有的平衡。戏剧意味浓烈的情境，会包含一种潜在的角力，各种力量在其中，你进我退，我退你进，此起彼伏。压力越大，人物决定做这件事的代价就越大，揭示就越深，更能真实地表达人物的本性。

d.人物悖论

人物悖论主要包括人物自身的反差、人物关系的逆转，使用的方法是欲扬先抑。人物自身特点的欲扬先抑能够使单个人物的表里不一，或者使同时存在多个自相矛盾的特征在戏剧情节推进中逐渐累积，在反转中实现人物的再塑造；后者则是人物关系的颠倒、换位。

编剧常常用拼贴的手法，将相反的特质并置在一起。人物悖论的四个层次：一是人物动机的错位，二是动机与效果的悖论，三是表象与真相的颠倒，四是人物关系的逆转。

2.情节结构——一波三折

戏剧情节，一般是指作品中人物与人物之间、人物与环境的关系所组成的生活事件、矛盾冲突的发展过程。古典戏剧中将情节理解为一个有一定长度，由因果关系导致的一系列行动而产生的故事。

a.戏剧情节的构成

古典戏剧追求“三一律”，即故事应该发生在一天之内，在一个地点，围绕着一个情节展开。在微电影剧本创作中这个原则非常适用。戏剧情节的典型构成三段式结构:包含有一个开头、一个明确清晰的过程及一个结尾。情节的开头部分，用以介绍事件与人物的特性；情节的中间部分，将打破事件的平衡，引起矛盾冲突并将其激化，最终导致危机的出现或矛盾爆发的高潮；在第三部分也就是情节的结尾部分，矛盾得以解决，冲突得以消解。

b.安排情节结构的主要技巧——突转与发现

悬念亦称“紧张”。根据观众看戏时情绪需要得到伸展的心理特点，编剧或导演对剧情作悬而未决和结局难料的安排，以引起观众急欲知其结果的迫切期待心理。它是戏剧创作中使情节引人入胜，维持并不断增强观众兴趣的一种主要手法。

突转与发现；突转，也称陡转、突变，指剧情向相反方面的突然变化，即由逆境转入顺境，或由顺境转入逆境。

（四）编写分镜头脚本

分镜头本是将文字稿本的内容分切成一系列可以摄制的镜头，并将这些镜头依照一定的逻辑关系组成一个个段落。通过对每个镜头的精心设计和段落之间的衔接，表现出导演对节目内容的整体布局、叙述方法，刻画人物和表现事物的手段，细节的处理及蒙太奇的表现技法。它是供导演和摄制拍片工作用的，所以又叫导演稿本或工作台本。

分镜头本是以镜头为基本单元对未来作品的进行详细的案头规划，分镜头本是摄影师进行拍摄，剪辑师进行后期制作的依据和蓝图，也是演员和所有创作人员领会导演意图、理解剧本内容、进行再创作的依据。

编写分镜头本最主要的任务是将文学形象变成视觉形象。它要求导演和摄制组人员在认真分析、研究文学本及有关材料的基础上，用电视手段，把稿本中的生活场景、人物行为及人物关系具体化、形象化，使这一切都可以在电视屏幕上看到和听到，并赋予节目以独特的艺术风格。编写分镜头本，以文学稿本为基础，但绝不是对文学稿本的简单分解，而是复杂细致的艺术再创造。

分镜头本包括的主要内容有：将文字脚本的内容加工成一个个具体形象的、可供拍摄的镜头，并按顺序列出镜头的镜号；确定每个镜头的景别，如远、全、中、近、特等；并说明镜头组接的技巧；用精炼、具体的语言描述出要表现的画面内容，必要时借助图形、符号表达；根据相应的画面完成解说词的撰写；确定节目的音乐与音响效果及起止时间等。

分镜头本的写作方法是从电影分镜头剧本的创作中借鉴来的。一般按镜号、机号、景别、技巧、画面内容、解说、音乐音响的顺序，画成表格，分项填写。分镜头本格式不一，有详有略，如表 5-1 所示，通常采用表格的形式。

表 5-1 分镜头本基本格式

镜号	机号	景别	技巧	画面内容	解说（字幕）	音乐	音响	长度	备注

下面对各栏进行说明

镜号。镜头顺序号。在拍摄时，编导根据内容表现的需要，多把场景相同的镜头抽出组在一起拍，而场记只要记住镜号就可以了。后期的剪辑，可根据镜号查找某一场景的镜头，这样就方便了影片的拍摄与剪辑。

机号：表示在拍摄现场所用的摄像机的编号。

景别：标明拍摄时所需要的景别，“远景”“全景”“中景”“近景”“特写”等，在一个镜头内如果景别发生变化应加以注明。每个镜头用什么样的景别，是由所表现内容和所突出的重点来确定的。

技巧：电视技巧不仅包括镜头的拍摄技巧，如推、拉、摇、移、跟等运动形式，以及正、侧、平、仰、俯等拍摄角度，还包括镜头画面的组接技巧，如硬切、淡入淡出、叠化、划变等。每种技巧的使用都是为了更好地突出主题、表现内容。

画面：用文字阐述所拍摄的具体画面，对故事情节以及画面中的场景、人物、动作、状态的文字阐述，有时可用图表来表示。

声音（解说）：画面中人物之间的对白内容，或者的解说词。

音乐：注明音乐的内容及起止位置，是对音乐选择及运用的具体要求，恰当选择富有表现力的音乐，并设计强弱和起伏变化，

音响：在相应的镜头段落中，标明使用的效果声，比如动作音响、环境音响和特殊音响等。

长度：指镜头的时间长度，镜头时间长度的确定需要综合考虑画面的情节内容以及解说词的长短而定。

备注：编导的记事栏，用于记录拍摄地点、特殊要求、注意事项等。

以上所列各栏是分镜头本的基本组成，根据工作需要和导演的习惯，分镜头本的写作时格式也各不相同，要灵活掌握，不必拘泥于此。除了分镜头稿本以外，还有一种镜头记录本，又叫完成台本。它是摄制每一个镜头准确而简略的记录。在形式上，它与分镜头稿本很相似，也是采用表格，逐个地具体说明每个镜头的内容。不同的是，使用分镜头本在实际拍摄过程中，往往会变动原来的设想，而镜头记录本是完成素材拍摄以后的记录，它准确地记录了每个镜头内容、景别、技巧、长度，在每本的结尾注有镜头数和长度，最后是拍摄素材的总镜头数和总长度。

三、实验工具

无特殊要求，办公软件即可

四、实验内容

案例一：剧本写作

实验要求：以高跟鞋为线索完成故事梗概和剧本的写作。

故事梗概：一个单亲父亲因为其对妻子离家出走的阴影而希望刚刚读大学的女儿不要过早地穿上高跟鞋。叛逆的女儿与父亲发生了争执并固执地穿着高跟鞋出门，然而女儿却发现穿上高跟鞋走路很累还磨破了脚，回到家悄悄地收起了高跟鞋。当女儿再次来到鞋架前穿鞋时却发现高跟鞋磨脚的地方已经被父亲悄悄打磨软并贴上了创可贴。女儿很感动并理解了父亲，毅然选择了运动鞋，自信地走出了家门。

高跟鞋

主要人物：

女儿-张沐春

父亲-张海生

1.内景 家中 下午

张沐春从鞋柜里拿起新买的第一双高跟鞋，坐在椅子上小心翼翼地将脚尖塞进鞋里，从鞋尖摸到鞋跟，目不转睛地盯着自己拥有的第一双高跟鞋。张沐春嘴角上扬，一脸欣喜的表情。

穿插回忆：张沐春小时候趁一个人在家的时候偷偷从柜子里拿来妈妈的高跟鞋，把自己的小拖鞋甩一边，坐在地上把脚塞进比自己小脚大一半的鞋子里，慢慢起身。

张沐春从椅子上颤颤巍巍地站起来转身（一转身穿插回忆：小时候的沐春颤颤巍巍地站起转身来，走到镜子面前看着自己咯咯咯地傻笑）。张沐春站在穿衣镜前看着自己，整了整裙子，再抬头低头反复地看着脚上的鞋子和镜子里的自己。高跟鞋将张沐春从一个小女孩变成了一个略显成熟的少女。张沐春兴奋地踩着它在客厅里撑开双手像练平衡木一样慢慢地去适应，一步一步地走着。

张沐春顶着它咚咚咚地走向张海生。张海生听到脚步声放下了手中正在看的报纸，抬了抬眼镜看向张沐春。

“张海生，你看怎么样？”张沐春略微提起裙摆，把脚特意撑向前，抬着头睁着大眼睛神气地向他望着问。

“恩。”张海生低着头，沉默了好久才说。

“就一个恩？！” 张沐春皱了下眉说，转身要走，可能是忘记才刚刚适应高跟鞋，转得太急，身子一歪差点没站住崴到脚。

“穿什么高跟鞋啊，你还是个学生，现在像什么样子！”张海生紧紧握着张沐春的胳膊皱着眉说道。

“你懂什么呀，我都大学生了，你思想能不那么古板嘛！你以为我还是那个不会走路，整天要你拉着我抱着我的小姑娘了？！拜托，我已经大了。”

张沐春有点生气不耐烦道地说道。

张海生沉默了一会（安静）……（父亲态度转换）

“出去就别穿了，崴到怎么办？”张海生说。

“我买就是要穿出去的！”

“丫头，穿球鞋多好，早就给你晒好了，爸给你去拿！”张海生快步从房间走向阳台去取鞋子(这双球鞋可以出现在结尾的鞋柜上)。

张沐春皱着眉看着爸爸出去的背影，顶着高跟鞋提起包也走了出去，地板被高跟鞋踩得咯噔咯噔地响。张沐春走出房间对着站在阳台的爸爸说“我今天就要穿这个！”边说边往门口走。

张海生拿着手里的球鞋向张沐春望去“哎……那慢点走路，注意点，走不动了给爸打电话爸去接你……”

“咚！”

门重重地被关上。

2.室外　街上　傍晚

张沐春站在电梯那看了看自己的鞋瞬间又舒畅了许多，笑了笑进了电梯，不能一出门就破坏了好心情（可以利用电梯的镜面，拍亭亭玉立的女孩）。

张沐春走在路上挺胸抬头学着街头那些穿着时髦的衣服踩着更高鞋跟的妙龄女子们，听着鞋跟与地面碰撞发出“咯噔，咯噔”的声音，闺蜜也不停地夸赞还是高跟鞋穿着才漂亮，走着走着便皱起了眉头，不断地停下弯腰摸脚。

“哎哟哎哟，我不行了，逛不了了，这脚疼得难受。”张沐春蹲下来摸着脚后跟说。

“新鞋磨脚吧，再说你又刚开始穿！”闺蜜说。

“我不逛了，回家回家，疼得受不了，明天再出来吧！”张沐春站起来试着走了两步说道。

闺蜜有点扫兴：“好吧好吧，你快回家吧，搞慢点哦。”闺蜜扶着张沐春说。

张沐春咬着牙忍着疼一小步一小步地往路口走着。路人投来异样的眼光，张沐春已经忘记了刚才的趾高气昂。她疼得实在受不了了，坐到路边的椅子上，脱掉鞋子生气地丢到地上去，轻轻地按着伤口，疼得直咧嘴，索性光着脚拎着鞋子向公交车站走去。张沐春站在路边不停地拦的士，可似乎今天它们都像是在跟张沐春作对一样，没有一辆空的，一辆一辆从她身边开过。张沐春站在路口看看脚上的高跟鞋，皱着眉有点后悔自己执意要穿它的想法。（穿插回忆——爸爸对张沐春说的话：“早点回来，慢点走路，注意一点，走不动了给爸爸打电话，我去接你！”）手机拿在手上，屏幕上电话簿爸爸的手机号码，终于下定决心让爸爸来接，刚拨出去又后悔了，赶紧挂掉了！

（过渡）城市夜景延时，城市从白天变成灯火辉煌。

沐春坐在出租里呆呆地望着窗外，城市的夜景不断从眼前划过（出租车上城市的夜景）。

年轻的女人站在门口，父亲站在后面。

妈妈：机票我已经买好了！

爸爸近乎哀求地挽留：小春。

妈妈：张海生，你别再说了，我告诉你，我受够了这里的生活，每天都是一个样。

楼下传来喇叭声。

妈妈：照顾好沐春，我在美国安顿好就把孩子接过去！

爸爸：你再......

妈妈：别再说了，我走了！

咚咚咚，清脆的高跟鞋的声音渐远，“咚”一声巨响的关门声！沐春躲在小床上，裹着小被子，佝偻着抽搐了一下，窗口的风铃清脆地响着！

“嘀！”的一声，打断了沐春的思绪。楼下的路灯下，她轻轻穿好鞋子，拉了拉衣服。

3.室内　电梯里　晚上

张沐春进了电梯就蹲在了地上，摸着脚后跟，但是却进来了一对父女让她不得不站了起来，挺胸抬头继续跟没事人一样笔挺挺地站在那。女孩才五六岁大，被爸爸抱着。女孩用那双大眼睛上下打量着张沐春，视线便盯着张沐春的鞋。张沐春以为女孩看出了她的不自然，不由得把脚往后收了收。女孩转过头眨巴着大眼睛对她爸爸说：

“爸爸，我也想穿高跟鞋，妈妈也穿，这个姐姐也穿，我也要穿。”

女孩的爸爸犹豫了一下又微笑地摸了摸女孩的头说“好，等你个小丫头长大了，爸爸就给你买啊，不过那个时候爸爸可老咯，就抱不动小公主了。”说着说着还亲昵地刮了女孩的小鼻子。

女孩“咯咯咯”地笑着撒起娇来往她爸爸怀里钻，绕着手指，饶有心思娇滴滴地说道：“那我，那我还是不要了，我喜欢爸爸抱，我不要自己走路。”

“好好好，爸爸抱，爸爸抱！”女孩的爸爸一脸甜蜜地说道。就这样，父女俩你一句我一句地走出电梯。看着他们走出电梯开心的背影直到电梯门关上，张沐春一个在电梯里呆呆地站着，沉默了好久。

4.室内　家里　晚上

咬着牙忍着疼走到家门口，拿出钥匙轻轻地把门打开，蹑手蹑脚地走进客厅，但高跟鞋依然发出了清脆的响声。

张海生在房间里叫了一声：沐春？

沐春惊了一下，回道：爸，我回来啦。张海生：噢，不早了，快睡吧！

张沐春抱着包回过头舒了口气，踉踉跄跄地走进房间坐在床上。把脚抬起发现脚后跟全都磨破了，光着脚开了门出去。门开着，不一会张沐春端着小药箱走回来，拿出药膏擦上药，将创可贴轻轻贴在伤口上。张沐春伸了个懒腰躺在床上，关了灯。

5.室内　家里　第二天早晨

第二天醒来张沐春整个人都不舒服，脚酸疼得厉害。张沐春吃力地爬起来摸了摸脚后跟，快速得收拾好自己准备出门。张沐春走到门口准备拿鞋出门，鞋架上贴着小便签：“丫头，试试还磨不磨脚！”

（镜头叠化）张海生拿着锉刀轻轻地打磨着鞋子，不时用手摸一摸硬度贴上跟贴后，轻轻地放在鞋架上，又伸手把它摆整齐。

张沐春走到门口准备拿鞋出门，提起那双高跟鞋却发现鞋跟被小锉刀磨短了，鞋里多了个后脚跟贴。张沐春傻傻地看着这双被改造的高跟鞋。

张沐春轻轻地放下了高跟鞋，看着那双还在阳台上晒着的球鞋，阳光好得把它晒得热乎，张沐春提起球鞋，系好鞋带走出了门。

作者 任玥 卞祥彬

点评：剧本《高跟鞋》主要涉及人物两人，情节结构简单，比较适合微电影短片的创作练习。紧密围绕父女间的亲情关系展开，设置误解形成矛盾，同时利用父女亲情化解矛盾，实现对亲情的温情解读。

案例二：分镜头剧本分析

实验要求：以山东旅游形象宣传片海外媒介平台发布的广告为例，完成分镜头分析。

镜号	景别	角度	运动	画面内容	对白	音乐	音响	长度（秒）
1	近景	侧	固定	火车窗外夕阳西下	英语报站：济南	无	火车声	2s
2	近景	侧	固定	Tom 坐在火车上低头看书	英语报站：济南	无	火车声	2s
3	中景	侧	固定	Tom 坐在火车上低头看书，售货员经过	无	无	火车声	2s
4	近景	侧	固定	Tom 抬头，黑场	无	吉他	无	2s
5	全景	正面	固定	好客山东 logo	无	吉他	无	5s
6	近景	背面	固定	三轮车上司机开车向前	无	吉他	无	2s
7	特写	侧面	固定	Tom 兴奋地向外张望	无	吉他	无	1s
8	近景	正侧	固定	Tom 向窗外摆手打招呼	无	吉他	无	1s
9	近景	后侧	固定	Tom 向窗外摆手打招呼	无	吉他	无	1s
10	近景	正侧	跟	Tom 游走在大街上	你好 你好	吉他	无	3s
11	近景	正面	固定	小店里，Tom 举着相机拍照	无	吉他	无	1s
12	近景	正面	固定	一对中国朋友热情挥手	无	吉他	无	2s
13	全景	侧面	固定	大殿前，Tom 与和尚相互鞠躬施礼	无	吉他	无	2s
14	全景	正面	固定	石牌坊前一群古装演员涌到 Tom 身边	无	吉他	无	3s
15	特写	侧面	固定	系满红绳的槐树枝桠	字幕：live the culture	吉他	无	2S
16	中景	仰拍	固定	大槐树下 tom 要系红绳子	无	吉他	无	1S
17	近景	仰拍	固定	大槐树下 tom 系红绳子	无	吉他	无	2s
18	特写	仰拍	固定	Tom 用手系红绳子	无	吉他	无	1s

（续表）

镜号	景别	角度	运动	画面内容	对白	音乐	音响	长度（秒）
19	近景	正面	前移	Tom 虔诚地抬头系红绳子	无	吉他	无	2s
20	特写	侧面	前移	系满红绳子的大槐树	无	吉他	无	3s
21	近景	背面俯拍	固定	Tom 弹古筝	无	吉他	无	2s
22	特写	正面	固定	Tom 新奇地低头弹古筝	无	吉他	无	1s
23	特写	侧面	固定	手指在琴弦上拨动	无	吉他	无	1s
24	中景	侧面	固定	Tom 在弹古筝	无	吉他	无	1s
25	近景	侧面	固定	Tom 在弹古筝	无	吉他	无	1s
26	近景	斜侧仰拍	固定	Tom 在一个房间里走动	无	吉他	无	1s
27	特写	侧面	固定	印版上刷墨	无	吉他	无	1s
28	近景	侧面	摇	Tom 把版画从印版揭起来	字幕：traditional kite making workshop	吉他	无	1s
29	中景	侧面	固定	Tom 把版画从印版揭起来，与师傅两人欢笑	字幕：traditional kite making workshop	吉他	无	1s
30	近景	侧面	固定	几个老人展开巨幅年画	无	吉他	无	1s
31	中景	背面	固定	Tom 站在巨大的年画前，兴奋地举起双手	无	吉他	无	1s
32	特写	斜侧	固定	Tom 探索的眼神，抬头	无	吉他	无	1s
33	中景	正面仰拍	摇	龙头风筝	无	吉他	无	1s
34	中景	侧面	固定	师傅向 tom 讲解龙头的结构	无	吉他	无	1s
35	中景	正面俯拍	固定	师傅在认真地做风筝，tom 在摆弄龙头的结构	无	吉他	无	2s

（续表）

镜号	景别	角度	运动	画面内容	对白	音乐	音响	长度（秒）
36	近景	背面俯拍	固定	师傅向 tom 展示风车玩具	字幕：weifang woodblock printing house	吉他	无	1s
37	中景	侧面	固定	Tom 快乐地吹动风筝上的风车	字幕：weifang woodblock printing house	吉他	无	2s
38	中景	正侧	固定	师傅向 tom 展示风筝的动作	无	吉他	无	1s
39	近景	正面	跟	Tom 手持相机扎进水中	无	吉他	气泡声	2s
40	特写	正面	固定	水中翻腾的气泡	字幕：explore the unknow	吉他	气泡声	3s
41	近景	正面	跟	Tom 手持相机在水底，从水底上浮	字幕：explore the unknow	吉他	无	2s
42	远景	正面仰拍	固定	水面上看大名湖上的古楼	字幕：daming lake	吉他	无	3s
43	近景	斜侧	固定	Tom 向前方张望	字幕：daming lake	吉他	无	1s
44	中景	正面仰拍	固定	Tom 走进船舱	字幕：daming lake	吉他	无	1s
45	近景	侧面	固定	Tom 坐在船舱的窗户边向外望	字幕：daming lake	吉他	无	1s
46	远景	正面	固定	船舱外大名湖边的风景	字幕：daming lake	吉他	无	2s
47	全景	侧面	固定	Tom 坐在船舱外，向别人抬手打招呼	字幕：daming lake	吉他	无	1s
48	近景	侧面	固定	Tom 侧脸	字幕：daming lake	吉他	无	1s
49	远景	正面	摇	山上的缆车	无	吉他	无	2s
50	中景	侧面	固定	Tom 坐在缆车上，一辆缆车从旁边经过	字幕：mount tai	吉他	无	2s
51	近景	正面	固定	Tom 的笑脸	字幕：mount tai	吉他	无	2s
52	全景	侧面俯拍	固定	Tom 从下面的台阶上走来	字幕：mount tai	吉他	无	2s

（续表）

镜号	景别	角度	运动	画面内容	对白	音乐	音响	长度（秒）
53	全景	侧面	固定	侧面远看中天门	无	吉他	无	2s
54	近景	侧面	固定	Tom 站在石牌坊前	无	吉他	无	1s
55	全景	正面	固定	Tom 和一群游客在石牌坊前欢呼合影	无	吉他	无	1s
56	远景	侧面	固定	Tom 骑木马从大佛面前走过	无	吉他	无	3s
57	中景	正面	固定	和尚向窗外摆手打招呼	你好 阿弥陀佛	吉他	无	2s
58	中景	侧面	固定	香客将香聚到头顶，许愿	无	吉他	无	1s
59	中景	侧面	前移	Tom 拿着相机拍照片	无	吉他	无	Is
60	中景	侧面	固定	僧侣们在念经	字幕：thousand Buddha mountain	无	念经声	2s
61	近景	侧面	固定	大和尚将法器举到头顶	字幕：thousand Buddha mountain	无	念经声	2s
62	中景	侧面	固定	大佛	字幕：thousand Buddha mountain	无	念经声	2s

点评：该分镜头脚本为宣传片广告，时长较短，景别变化丰富，剪辑节奏比较快，镜头平均长度不及 2s。在分镜头写作阶段预设较快的剪辑频率也为短片形成了较强的外部节奏，丰富的视觉信息为影片带来了强烈的视觉冲击力。分镜头脚本的写作可以充分预想影片形式，为实际拍摄过程提供有力保障。

五、实验总结

剧本写作重在生活的真实体验。微电影所具有微时长、微周期、微投资的创作特点，要求剧本创作做力求场景集中、主题以小见大、以情动人。写作过程中注重“一波三则”的情节起伏和矛盾冲突；在“欲扬先抑”的人物描写中体现形象反差和动态的人物关系；“开放式结局”更能体现剧本的想象空间。

六、扩展实验

实验 1：剧本写作：以一束鲜花为主要线索，编写一篇剧本。

实验 2：剧本创作：以无声的爱为主题，编写一篇剧本，并完成分镜头本的创作。

七、参考书目

佟婷,王幼仪.电影剧作理论与技巧[M].北京:中国传媒大学出版社,2015.

倪学礼.电视剧剧作人物论[M].北京:中国广播电视出版社,2005.

布莱克·斯奈德.救猫咪:电影编剧宝典[M].王旭锋,译.杭州：浙江大学出版社,2011.

威廉·M·埃克斯.你的剧本逊毙了![M].周舟,译.上海:世界图书上海出版公司,2011.

实验六　摄像基础

一、实验目的

影像是通过具体直观的画面形象来表现内容、传递信息和反映主题的，这些形象来源于自然世界和现实生活，而这些形象的获取须依赖于拍摄。拍摄是影片创作过程中最为关键的一个环节，其最终目的就是通过摄影机的镜头获取所需的各种影像视听素材。本实验旨在通过对经典影片段落的解析，掌握视听语言（景别、角度、构图、光线、色彩、运动、长镜头等）的制作规律以及艺术诉求，提高影像美学素养。

二、基础知识

（一）景别

景别是一种外在的语言形式，是镜头画面空间的表达形式，体现场景（环境）中人物的具体构成关系和构成风格。景别的大小，不仅仅代表着被摄主题在画面中所呈现的范围，更重要的是体现着创作者与观众的关系（导演想让观众怎么去看待这个镜头）以及创作者的意图，即创作者在创作中组织、结构画面，制约观众视线，规范画内空间，暗示画外空间，决定让观众看什么，以什么方式看，看到什么程度的一种极有效的造型手段。

表 6-1 景别及其作用

景别	画面比例	画面内容	作用
大远景	人物在画幅中的大小只占画幅高度关系的四分之一。	画面以表现远处的人物、景物为主，主要被摄体处于画面空间的远处。	以景为主，以景抒情，以景表意。
远景	人物在画幅中的大小只占画幅高度关系的二分之一。	画面包含的空间范围比较大、包含的事物比较多、以表现场面、规模、数量、气势和空间环境为主的画面景别。	人物与环境的关系；以景抒情作用。

（续表）

景别	画面比例	画面内容	作用
大全景	人物的比例关系大约是画面 3/4 的高度。	人物与景物在视觉关系处理上是平分秋色的。表现的重点以人物为主，环境范围的表达是以表现人物为出发点的。	人物动作、位移在画面中的变化更为具体。
全景	人物的全身占满画幅高度。	人物或事物完整的外部轮廓且周围无过多空白。	人物或事物的全貌；人物动作清晰。
中景	人的膝部以上（站姿）或腰部（坐姿）以上。	人物或事物的绝大部分且包含他们的主要部分。	人物动作、姿态和手势；展现情节交流。
中近景	人物的腰部左右。	介乎于两者之间中景和近景之间，即“人物半身镜头”画面。	兼有中景和近景两者之作用。
近景	人的胸部以上。	人物或事物的主要部分。	人物神态，特别是人物表情、眼神、手势的表现；表现事物的色彩、纹理、质地。
特写	人的肩部以上。	人物或事物的局部。	人物内心活动或事物的本质；渲染情绪。
大特写	某个单个器官。	人物或事物的局部画面或细部画面。	人物细微表情的细节部分，人物形体、动作的细微动作点；渲染情绪。
空镜	画面中无人物。	自然景物或环境描写的镜头。	介绍环境背景、交代时间空间；抒发人物情绪、借物喻情、渲染意境。
满景	无人物，被摄主体体积占满画面。	以景物为出发点，被摄主体占据全部或绝大部分画面空间的镜头。不论被摄主体体积大与小（一片叶子或者一辆汽车），都以它们的体积占满画面为标准。	近似空镜，但不表现空间环境；近似特写，但保持形象的完整。

此外，景别也影响着影片的风格基调，决定着影片的风格特征。可以说，景别更重要的是一种镜头风格和创作风格，不同景别具有不同的功能和表现特长，需要依据不同的拍摄对象、场合和拍摄意图灵活应用，如表 6-1 所示。

除去常规镜头的常规景别（中、近景）不谈，我们来看看导演主观意图（风格）比较明显的几类重要景别。以影片《少年派的奇幻漂流》为例：

1.远景系列

这种景别的画面能够清楚地表达环境规模、空间范围、地域位置、人物与环境的关系、主体运动的方向等，使环境更能独立表达出视觉效果和视觉信息，在画面中造成一种空间距离感。更重要的是导演意图去揭示、营造一种整体画面情绪和意境。对景物和人物的布局方式方法，以及色彩配置、明暗关系、线条等元素的要求极高。结合到影片中，远景系列（尤其是大远景）凸显的是人在自然之下渺小无力之感，给观众造成一种强烈的视觉冲击以及心理震撼：神性的至上。

2.特写系列

特写是电影画面中视距最近的镜头，因其取景范围小，画面内容单一，可使表现对象从周围环境中突现出来，造成清晰的视觉形象，起到强调和凸显拍摄对象的艺术效果。特写镜头能表现人物细微的情绪变化，揭示人物心灵瞬间的动向，使观众在视觉和心理上受到强烈的感染。

影片中派的情绪与心灵的每一次悸动，对信仰的每一次解读都是通过派的特写镜头来实现。这种镜头揉进了导演的主观意志和思维，指引观众去关注派的纯真、恐惧与坚强，使影片具有强烈的感染力。

3.空镜头

空镜头指影片中自然景物或环境描写的镜头，常用以介绍环境背景、交代时间空间、抒发人物情绪、推进故事情节，具有说明、暗示、象征等功能，能够产生借物喻情、情景交融、渲染意境、引起联想等艺术效果，在银幕的时空转换和调节影片节奏方面也有独特作用。

影片中许多空镜头极具表现力，不仅将派所处的环境渲染出诗般的意境，而且许多主观镜头，以派的视角去看海上漂流所见的奇观，营造出奇特的虚拟景观，令人叹为观止，把少年派亦实亦虚的旅程展现给观众。画面美丽而奇妙，又让观者如身临其境，将自然奇观、人文景观、虚幻世界完美地融合在一起。

此外，影片用大量的空镜头表现喜怒无常的大海，与主人公派的漂泊经历环环相扣，将少年派在漂流中的处境和心境恰如其分地表现出来，潜移默化地感染着观众的情绪，形成一种情景交融的诗意氛围。

（二）角度

角度在制作上又称之为摄影角度，画面角度，镜头角度，拍摄角度和机位高度（角度）,理论上称之为摄影机拍摄时的视点。

角度的有机变化与丰富，对构图效果，对人物塑造，对空间表达，对场面调度，对影片叙事都会增加其艺术表现力。

角度是构图，是影片的叙事风格，是造型的主要元素，是影片的语言形式如表6-2所示。

表 6-2 拍摄角度及其作用

拍摄角度	机位设置	作用
正面	镜头正对着被摄主体的正面拍摄。	介绍人或物的全貌，是表现面部表情最有效的角度，也称“表情角度”。
侧面	镜头与被摄主体正面成 90 度左右的夹角。	适合表现运动、动作、人与人的交谈，也称“运动/动作角度”。
斜侧面	介于正面与斜侧面之间。	兼有正面、侧面角度的特点，且灵活多变；拍摄人像的经典角度；利于表现空间感和立体感；利于表现动势和动感。
背面	镜头正对着被摄主体的背面拍摄。	适合表现人物与背景的关系，含蓄地引发观众想象，是一种用来制造悬念的角度。
平视	镜头与被拍摄对象在同一水平高度。	典型的新闻摄影的角度，表达平等、平静、客观、公正的态度。
仰视	镜头高度低于被拍摄对象。	被摄物体显得高大，有从上往下倾轧的态势,表达景仰、崇敬的态度。
俯视	镜头高于被拍摄对象。	被拍摄物体显得低矮、渺小、猥琐、受压迫，表达蔑视、贬义的态度；丰富的哲学意义。

除去拍摄角度不谈，高度关系实质上是画面角度的核心。由于镜头高度的不同，必然会造成画面造型元素中的背景、地平线、空间、透视、线条、光线、色彩、构图等项的不同排列组合，造成画面视觉形式上、构图上的不同与变化，从而影响着画面视觉风格。

一般情况下，创作者对于高度设计都会有一个总体规划，以求让机位高度在视觉上形成一个形式效果，这种效果会强化影片的叙事风格和造型风格。以影片《少年派的奇幻漂流》为例：

1.仰角度拍摄

这种拍摄角度具有强烈的距离感和透视感，建立起画面中上下部分的联系（天空与主体人物的视觉联系，增强人物与空间关系以及场景的真实性），能够表达强烈的主观感情色彩。

2.俯角度拍摄

影片关于机位高度的使用，值得探讨的是大俯拍镜头。一方面，大俯拍镜头的视线垂直于地平面，如果加上镜头四周边框的限制或者镜头内框定元素的限制，中心事物就会显得压抑、“无处可逃”，更具有构图性，显示一种严肃、规范、形式、象征、低沉的气氛。

另一方面，大俯拍镜头将观众带到一个日常生活经验中无法企及的高度和角度观察事物，观众仿佛置身于人类群体之外而被安在了神的位置上。由此，大俯拍镜头在很多时候也被称为“上帝之眼”。

这样就赋予了大俯拍镜头以特殊的审美意义：制造一种超越日常的体验，超脱众生的“上帝视角”，给人客观、冷静思考的机会，还会产生某种哲学意义。

（三）构图

影视画面的构图是对各视觉元素和造型元素有效选择、取舍、排列与组合的手段。“构图就是要在无线空间中寻找具有视觉价值的美点，以形、光、色的方式汇集于画面中，以表达创作者的情感，激发观众产生情感，并由视觉快感上升为心里快感。”它是影视画面造型和审美艺术的体现。

单个画面的构图形式多种多样，我们在此不再详解，仅探讨出某些特殊的构图处理，作为大家理解的参考。以影片《少年派的奇幻漂流》为例：

1.表意性构图

表意性构图，是一种在画框内重新构建画框使主体获得双重表达的构图形式，表意性较强，有着丰富的暗示信息。表意性构图的内容性大大增强了画面的表现力，构图形式参与了意义表达。

利用无生命的事物重新组建画框，表意性稍弱。

利用活跃的主体结构作为新画框，各部分都有丰富的含义，表意性较强。

2.表情性构图

构图也能承载和传达丰富的情感，这是构图的表情形式。构图的表情形式没有具体的形态，形式结构较为隐蔽，突出表现的是情感元素。对普通观众来说，认知构图的形式结构或许不太容易，但却较容易受到情绪的感染。这使得表情成为构图的最终目的。

（四）光线

光是影视画面视觉造型的基础，它不仅可以满足曝光需要而必须提供的照明，还能揭示被摄对象的空间范围和透视关系，达到渲染情绪、烘托气氛的艺术效果。见表 6-3。

表 6-3 光的方位及作用

光的方位		
光的方位	布光方向	作用
水平方向	正面光	平面光，把人脸扁平化。
	侧面光	立体光，加强立体感、深度感。
	逆光	轮廓光，区分画面层次，制造剪影效果。
垂直方向	平角光	平面光，把人脸扁平化。
	顶光	蝴蝶光，突出脸部骨骼的阴影。
	底光	魔鬼光，丑化效果，塑造恐怖形象。
三点布光		
光的主次	光的方位	布光方法
主光	水平位置	斜侧光位，平面角度距摄像机 30-60 度之内，一般以 45 度为宜。
	垂直位置	在人物视线以上 30-50 度范围之内。
副光	水平位置	从主光一侧 15 度角到另一侧 50 度角的范围之内。
	垂直位置	视线以上 15-30 度之内。
轮廓光	水平位置	以光线不投射到人物侧面脸部为限，范围在人物身后两侧 45 度角之内。
	垂直位置	高度在 30-75 度之间。

以影片《少年派的奇幻漂流》为例：

1.光的叙事

创作者在运用光线时必须考虑光的叙事（戏剧性）作用。影片中用来展现海难的恐怖、大自然的变幻莫测等等。

2.光的表意

如著名的“耶稣之光”（透过云层的光束），代表了心中神圣的信仰和希望。影片中，光代表了信仰和希望，每一个黑暗的场景，却又不是完全的黑暗，总会有丝丝缕缕的暖色光夹杂其中，就像是派的旅程，尽管看上去是那么无望，但是派总是用自己的信仰、永不放弃的希望来支撑自己到达彼岸。

3.光的造型

影片中，暴风雨过去，灿烂的太阳光铺满了半个银幕，水天一色神奇的景象等等带观众进入亦真亦幻的梦境，淡化了灾难和恐惧。

（五）色彩

色彩作为一种画面的表现手段，它不仅还原了现实世界真实的颜色，还表达人物和创作者的主观感受，渲染特定的环境和气氛，创造作品的象征意味。色彩在一定程度上吻合了摄影表达的艺术内涵。著名摄影师斯托拉罗曾经说过："色彩是电影语言的一部分，我们使用色彩表达不同的情感和感受。就像运用光与影象征生与死的冲突一样。"见表 6-4。

表 6-4 色彩及其表意

色彩	表意
红色	愤怒，激情，狂暴，欲望，激情，能量，速度，力量，电力，热烈，爱，侵略，危险，火，血，战争，暴力。
粉色	爱，纯真，健康，快乐，满足，浪漫，迷人，滑稽，柔软，细腻，女性化。
黄色	智慧，知识，放松，快乐，幸福，乐观，理想主义，想象力，希望，阳光，夏天，不诚实，怯懦，背叛，嫉妒，贪婪，欺骗，疾病，灾害。
橘色	幽默，能量，平衡，温暖，热情，充满活力，广阔，耀眼。
绿色	治愈，舒缓，持之以恒，坚韧不拔，自我意识，骄傲，自然，环境，健康，好运，复兴，青春，活力，春天，慷慨，富饶，嫉妒，缺乏经验，羡慕。
蓝色	信仰，灵性，满足，忠诚，安宁，稳定，和谐，团结，信任，自信，保守，安全，整洁，秩序。
紫色	色情，皇室，贵族，灵性，仪式，神秘，智慧，启迪，残酷，傲慢，哀悼，力量，敏感，亲密。
棕色	物质，轰动，地球，家，户外，可靠，舒适，忍耐，稳定，朴素。
黑色	否定，力量，性欲，精致，形式，优雅，财富，神秘，恐惧，匿名，不快，深度，风格，邪恶，悲伤，悔恨，愤怒。
白色	肯定，保护，爱，尊敬，纯净，简单，干净，和平，谦卑，精确，纯真，青春，诞生，冬天，雪，好，不毛之地，婚姻（西方语境），死亡（东方语境），冷，无菌。
银色	财富，迷人，高贵，朴实，自然，时尚，优雅，高科技。
金色	珍贵，财富，奢华，温暖，繁华，富丽堂皇。

以影片《少年派的奇幻漂流》为例：

灰色：代表灾难。当船难发生时以及少年派在恶劣的环境中求生时，画面以灰色调子为主，让观众也身临其境，带动观众的悲伤、紧张的情绪。

黄色：表希望与信仰。暴风雨过后，宁静悠远的暖调出现在观众的视线中，视觉上的缓和带来观众心里上的安心；暴风雨中云层中的一缕暖光代表着神性的外现。

蓝色：表平和、幻象与神性。蓝色调主要展现的场景是天空、大海，夜晚的水母发出的荧光、座头鲸的弧线等给人神圣、神秘的感觉，同时给惊险的影片增加了祥和感。

（六）运动

纪录片中的运动摄影可以记录对象在时间中变化的动态形象，提供不间断的画面，既能表现一个持续的动态过程，也能将一个无法一眼看全的物体完整地展现出来，使被拍摄对象显得真实可信，表现出更多的视觉动态效果。运动摄影有着多种类型的运动拍摄方法，表现静态或动态对象的各种情态，同时创造出丰富的视觉表意效果，传达创作者的主观意念和情感。见表 6-5。

表 6-5 运动形式及效果

运动形式	画面效果	画面表现
推摄	镜头逐渐前移，被摄主体越来越大、越来越清晰，背景越来越小。	突出主体；交代主体与环境的关系；通过快慢来表达不同的情感。
拉摄	镜头逐渐后移，被摄主体越来越小、越来越模糊，背景范围越来越大。	表现主体与环境的关系；表现空间范围；制造一种节奏感。
摇摄	摄影机机位不动，绕自身垂直或水平扫描式拍摄。	扩展画框，增加视野；表现两个对象（起幅与落幅）之间的内在联系；引导观众注意力。
移摄	通过移动摄影机机位掠过被摄对象的不同部分所呈现的不同对象或同一对象的不同局部的视觉效果。	视觉信息量巨大，突出表现较大的空间环境；制造相对运动的动感，增加观影的快感。
跟摄	摄影机始终跟随运动中的被摄物体，随时随地记录下其动态影像。	详尽地展示主体动作、神态和性格特点及其所处环境的特点，创造现场纪实感；类似于主观镜头，给观众以强烈的参与感。
升降拍摄	借助升降装置，伴随着摄影机的一边升降一边拍摄。	利用较高机位拍摄远、全景镜头；表现高大物体的各个局部特征；展示事件和场面的规模、气势和氛围；利用景别变化制造视觉跳跃感；暗示与隐喻。

（七）长镜头

长镜头，通过变化拍摄角度和调整景别的距离，用一个连续的镜头完成一组分切式镜头所担负的镜头组合任务，以保证叙事时间的连续性和空间的统一性。长镜头强调电影的真实，倡导“纪实主义”，特别是强调“空间的真实”的观念。尊重事件发生发展的自然流程，不间断地表现一段相对完整的事件，具有传达信息的完整性，同时把判断的权利交给了观众。长镜头是非强制性的、开放型的叙事，由于连续记录事态进展，在叙事上具有一气呵成的感染力。讲究的是场面调度，其核心是再现表现对象的真实。以影片沉船戏为例，这一段中导演采用了大量的长镜头来表达真实感，避免蒙太奇所造成的时间碎片和空间割裂，为的就是在观众视觉上、心理上造成真实的重音。

三、实验工具

视音频播放及编辑软件，拍摄可选用摄像机、照相机，还可借助轨道、摇臂等拍摄辅助器材。

四、实验内容

案例：镜头段落分析

实验要求：以影片《少年派的奇幻漂流》“食人岛”段落为例解读其头画面构成。

表 6-6《少年派的奇幻漂流》段落脚本

镜号	镜位	摄法	内　　容	音乐	音响	长度
1	特写	固定俯拍	暴风雨过后，阳光灿烂，慢慢睁开眼睛，疲惫。		水声 风声	14秒
2	远景	固定	派从船上起身，环顾四周，发现靠岸的小岛，寻找理查德·帕克。		水声 风声	15秒
3	全—近	移	派从船上跌下，站立不稳，派趴到在地，镜头慢慢移近，派尝试吃草。		水声 风声	30秒
4	全	固定	小舟靠在小岛岸边随波摇晃，空镜。		水声 风声	7秒
5	近	固定	派趴在地上吃树根，享受，叠化。		水声 风声	8秒
6	全—近	摇-跟	派在岛上行走，镜头由树冠摇下到派，跟拍。		狐獴叫声	30秒
7	全	固定	狐獴充满整个岛屿，狐獴听见动静站起。		狐獴叫声	5秒
8	近	固定	狐獴听见动静站起。		狐獴叫声	4秒
9	特写	固定	狐獴特写		狐獴叫声	4秒
10	特写	跟俯拍	派伸手将狐獴拨开，镜头跟随派的脚步，主观镜头。	音乐起 ↓	狐獴叫声	10秒
11	全—特	移	派从狐獴中走出，来到一个水池前，跳入水池中。镜头跟拍派的行动。		狐獴叫声	28秒
12	远	降俯拍	镜头由垂直俯拍缓缓下降，派在水池中游泳。		狐獴叫声 水声	20秒
13	近	固定	派从水中冒出，靠在水池边休息。		狐獴叫声 水声	5秒

（续表）

镜号	镜位	摄法	内　　容	音乐	音响	长度
14	中—近	固定	派爬出水池，坐下回头看。	音乐 ↓	狐獴叫声	6 秒
15	全	固定	理查德·帕克在狐獴群中奔走，吃狐獴。		狐獴叫声	9 秒
16	特	固定	派看着理查德·帕克，表情平静、泰然。叠化。		狐獴叫声	7 秒
17	全	固定	叠化，派在岛上的森林中穿行。		水声	3 秒
18	近—特	摇-跟	派在深林中行走，停下，解下手腕上的红绳（已褪色），系在树根上。镜头跟拍派的动作		水声	16 秒
19	远	固定	黄昏时大海的空镜头，夕阳金黄，大海深蓝。		水声	6 秒
20	全	固定俯拍	派在树上给自己搭了一张网床，听见狐獴叫声回头看。		系绳声、狐獴叫声	5 秒
21	中	固定仰拍	派回头看向远方。		狐獴叫声	3 秒
22	远	固定俯拍	狐獴由岛上平地开始想森林里奔逃。		狐獴叫声	5 秒
4	特	固定	派听见理查德·帕克的叫声回头看。		虎叫声、狐獴叫声	3 秒
25	远	摇	理查德·帕克飞快向小舟上跑去，跑出小岛，和狐獴方向相反。		虎叫声、狐獴叫声	6 秒
26	特	固定	派看着理查德·帕克跑远，表情惊奇。		狐獴叫声	3 秒
27	全	固定俯拍	派阻拦狐獴爬上自己搭的网床，自己躺下，叠化。		狐獴叫声	18 秒
28	特—全—中	移-降长镜头仰拍	叠化，镜头由狐獴开始移至派结束，表现了一系列的动作。派睡醒翻身向下看，机位下降，镜头仰拍。		狐獴轻微叫声	43 秒
29	全	固定俯拍	前景派向下观望，后景水池中的水变成发着绿光的酸液，有鱼的尸体浮上来。			9 秒
30	特	固定仰拍	派看着水池，绿光映在派连上，惊讶恐惧的表情。			4 秒
31	全	固定	派的主观镜头，水池画面，鱼的尸体浮在水面上。			8 秒
32	特	固定	派的眼神由水池向远处看去。			4 秒
33	远	固定	远处岸边的小舟，舟上帕克看向派。			4 秒

（续表）

镜号	镜位	摄法	内 容	音乐	音响	长度
34	远	固定	舟上理查德·帕克看向派。白色的小舟被一片闪着绿色荧光的树环绕。	音乐	风声	4 秒
35	全	固定	舟上理查德·帕克看向岛内，背影。海面也闪烁着绿色的荧光。		风声 水声	6 秒
36	全	移	小岛像一个横躺在海面上的女性身体的轮廓（母亲）。叠化。			5 秒
37	中	固定	叠化，前景是派的手从树上摘下一朵莲花，后景是派的表情。焦点跟随派手中的莲花而移动。		摘莲花声	15 秒
38	特	固定	派将莲花剥开，里面出现一颗牙齿。		剥莲花声	10 秒
39	特	固定	派开着手中的莲花，表情惊讶，脸上映有绿色的光。			4 秒
40	特	固定	莲花中牙齿的特写，随着派手的发抖而抖动。			5 秒

如表 6-6 所示，这一段落在整个影片中起着画龙点睛式的作用，它处于派整个漂流过程中比较特殊的一个环节。即派在历经海上漂流磨难（特别是紧接此段落之前的第二场暴风雨场景）洗礼之后到回到现实的人类社会（北美海岸）之前的所谓的一个承前启后式、也是总结式、解答式的一个段落。就像派在后面对作家说的一句话："如果不是那次停靠，或许我早就死了。而如果没有发现那颗牙齿，我也会迷失自我，孤独终老。"

同时它也是这场虚幻的漂流过程中最为神秘最为梦幻的一个"真空阶段"，看完整部影片之后，我们都可将派所讲述的故事与现实版真实的残忍故事一一对应，唯独这场戏使我们无法用现实去解释的。这就决定着这个段落将是我们所解读的一个重点。这个段落中的信息将决定着我们是否能够看清楚派内心的变化以及对于信仰的再认识。

1.景别

结合前文中的分析来看，镜头 2、4、12、19、22、25 采用了远景系列的取景方式，导演意图去营造一种神圣且神秘的意境。同时极具视觉冲击的画面比例，凸显出人的渺小，以及神性的震撼。镜头 1、16、24、26、30、32、39 采用了特写系列的取景方式，表现人物细微的情绪变化，揭示人物心灵瞬间的动向，使观众在视觉和心理上受到强烈的感染。

段落中采用了大量的空镜头来表现小岛的神秘以及表达特殊的意境。镜头 4、

19、31、33、36 均是导演精心设计的空镜头。镜头 4 在最初派上岸的时候就营造了一种绝美的幻象，引起观众对于小岛的虚假式的、先入为主的美好印象，或者说是小岛美好的一面；夜晚降临（镜头 19 作为一种时间的表达）后，镜头 31、33 开始向观众传达小岛神秘、邪恶的另一面，同时营造一种诡谲的气氛，调动观众的情绪；镜头 36 是最为关键的一处空镜，如果观众在前期的观影过程中积累了大量的信息，那么此处空镜将给观众一个最终的解答，它表达了一种符号性的意境。

2.角度

镜头 1、7、12、20、22、27、29、31、37，采用俯拍的角度拍摄，特别是 1、12、29、31 的机位几乎接近垂直的俯拍角度，对画面主体表达有一种俯瞰的效果，显示一种形式、象征的气氛，会产生某种哲学意义。这种哲学的视角在此处其实就是对于神性的一种象征。

镜头 21、28、30，采用仰拍的角度拍摄，一方面体现的是一种“视平线规则”，另一方面，更多的是强烈的主观感情色彩，对于神性或者说信仰的一种追求与向往。

3.剪辑与构图

由于影片本身内容叙事的需要，次段落中采用蒙太奇的剪辑方式（被拍摄对象+其主观镜头），即通过镜头的组接来叙事。如镜头 6、7；镜头 14、15、16；镜头 20、21、22；镜头 24、25、26；镜头 28、29、30、31；镜头 32、33、34 均是采用这种方式。这种剪辑方式在一个段落中的频繁使用造成两种效果，一方面单人画面构图方式以及空间的“虚假性”，被拍摄对象处于两个独立的画面，造成空间的分立，给观众以暗示；另一方面大量主观镜头的使用，能够强迫观众参与到影片叙事当中去，调动观众的观影主动，积极参与影片解读。

4.色彩

此段落中大量采用绿色来处理。此处的绿色又分为不同的两类，第一类是小岛上草地、树木的绿色，细心的观众可以明显发现，这里植物的绿色和影片最开始派家乡植被的绿色毫不相同。派家乡的“绿”是一种充满希望与美好的“绿”，而此处的“绿”是一种毫无生机、死气沉沉的“绿”，当然导演这样的处理是想向观众传达，小岛是一种假象，它蕴含的是一种死去（母亲尸体）的信息；另一类是夜晚来临后，整个小岛所呈现的荧光绿，这种色彩在此处营造了一种诡秘的恐怖气息，影响观众的情绪同时指引观众带着这种“危机感”去观影。

5.长镜头

此段落中，导演用了一个比较有意思的长镜头，即镜头 28，这个长镜头流畅地将本片中的技术与艺术融为一体。我们先来看镜头本身，长镜头的处理方式将时间与空间完整地表现在观众眼前，保证叙事时间的连续性和空间的真实性。

同时，长镜头将机位的变化毫无痕迹地自然表现出来。通过虚拟的狐獴的走位自然过渡到派的出现，摄影机的运动自然下降以配合派的行动，整个过程流畅自然，且带来了大量的画面信息（仰拍），对于拍摄对象的表现也更加真实和准确（机位最终定位于正面角度）带给观众视觉上强烈的震撼。

五、实验总结

影视摄影是一项强调实践性的项目，它既要讲授基本的理论知识，同时更要强调学生动手能力的培养。项目设置了景别运用、、拍摄角度及构图训练、光线及色彩运用、运动摄影等验证性实验，提高对画面的质量控制和艺术诉求。回顾实验内容，在实践的过程中需要几个问题：

第一，景别方面，针对不同的拍摄主题（人物、物体和环境三大类），处理方式相应的不同。

第二，构图方面，在画框内重新构建画框使主体获得双重表达的构图形式（表意性构图）时，不仅要考虑画面结构的平衡，还要注意影片叙事和表意上的逻辑合理。

第三，慎用仰拍和俯拍，主观意图太强烈，需要前后文的叙事支撑和剪辑顺畅。

第四，学习用光和色彩设计，对整个影片造型和风格的形成起着至关重要的作用。

第五，长镜头的使用需要熟练的场面调度功底，可以先设计简单的摄影机调度或演员调度，再到复杂的综合调度，这需要长久的训练和多次的尝试。

六、扩展实验

实验 1：经典影片段落解读：任选一部影片，运用本章所讲内容对经典影片的经典段落进行视听语言解读。

实验 2：短片拍摄：要求学生根据前文的剧本写作，拍摄成完整的段落，充分了解影视视听语言的制作规律以及艺术诉求。

七、参考书目

李培林.现代摄影造型艺术[M].北京:中国广播电视出版社, 2001.

马赛尔·马尔丹.电影语言[M].何振淦,译.北京:中国电影出版社, 2006.

吴鑫,赵彦彪,印翼.影视艺术摄像实验教程[M].南京:南京师范大学出版社, 2015.

实验七　画面编辑

一、实验目的

画面编辑是视听作品创作的重要环节，是整合各类素材、创造视听形象的过程，也是一项富有创造性的工作，它是根据创作要求，并结合影视视听艺术表达规律和大众传播规律，运用编辑技巧对镜头进行选择，寻找最佳的剪辑点进行组合、排列和艺术化的再创作。本实验旨在使学生掌握画面编辑的基本方法与原则，熟练运用编辑软件完成视听作品的创作，更重要的是，通过实验使学生具备这种画面编辑意识和思维，并贯穿于视听作品的创作全过程。

二、基础知识

(一)镜头选择

镜头，是视听节目的基本构成单元和表意单元，是画面编辑工作的主要对象。选择最有利于叙事、表达思想的镜头，并将这些镜头按照一定的顺序组接成一个完整的视听作品，是画面编辑的目的所在。镜头的选择是画面编辑的第一步，它是一个复杂的、有意识的取舍过程，是综合考虑各种因素后所做出的最优选择，镜头选择的依据主要有：

1.作品主题

主题是作品的灵魂，一切镜头的选择都要以符合作品的主题为准则。这就要求在选择镜头时要选取最能表现主题且最具感染力的镜头，以确保观众最直接地了解节目内容，理解节目所要表达的中心思想。

2.视觉习惯和思维规律

镜头的长度、角度、运动、景别等若干视觉因素决定了不同的镜头可以产生不同的视觉及心理效果，而镜头的作用归根到底是由人们的视觉习惯和思维规律决定的，镜头就是观众的眼睛，要想让观众看清楚、看明白镜头展示的内容，就不能不考虑观众的视觉习惯和思维规律。

3.节目类型

视听作品的类型是多种多样的，不同类型的视听节目有着不同的特点，对镜头的要求也各不相同，例如，长镜头在纪实类作品中比较有说服力，但如果在娱乐节目中大量采用长镜头就会影响作品的节奏。

此外，镜头的选择还要与整体风格、色调、影调相统一，应根据场合气氛，人物神态、动作、画面构图等因素来决定镜头的取舍。镜头的选择过程也是熟悉素材的过程，在这个过程中可以了解素材能否达到内容表达和情绪表达的需要，并在这个基础上对结构及每部分内容进行设计，建立起节目初步的形象系统。

(二)镜头长度

在选择镜头的同时，还要确定镜头的最佳表现长度。确定镜头长度是编辑过程中的重要环节，镜头的长度首先应保证观众有足够的时间了解画画所传递的信息，但镜头并非越长越好。一般来说，镜头长度要综合考虑三方面的因素，即镜头的内容长度、情绪长度和节奏。

1.内容长度

内容长度，主要是指将画面内容表达清楚所需的时间。内容长度与人眼的视觉特性密切相关，这一长度要综合考虑画面中主体的位置、运动状态、画面明暗情况等因素。

a.画面主体的空间位置

人眼的视觉特征决定了人对于近处的（或前面的）景物要比远处的（或后面的）景物看得清楚。如果主体位于画面前部，镜头可短一些；如果主体位于画面后部，镜头则应该长一些。

b.画面主体的运动状态

根据人眼的视觉特征，运动的物体比静止的物体更容易吸引人的注意力。在确定镜头长度时运动的主体要相对短一些；而静态的主体传递给观众的是舒缓的情绪，视觉反应也迟钝，镜头的持续时间要相对长些。

c.景别

景别是表现内容，突出重点的手段，也是集中观众注意力，表情达理的手段。不同景别的画面所包含的信息含量不同，其时间长度也应有所不同。远景、全景镜头包含的事物多，观众要看清画面内容，所用时间长些；近景、特写镜头则正好相反，包含的信息量较少，画面景物相对单一而且醒目、突出，观众一眼就可以看清楚，因此不需要太长的时间。画面时间长度的参考数据是，全景约需 8 秒钟，中景约需 4 秒至 6 秒钟，近景需 3 秒钟左右，特写需 1 秒至 2 秒钟左右。不同景别镜头有着不同的视觉冲击力，编辑时要注意灵活把握。

除此之外，镜头长度的确定还要考虑人的听觉特性，有声画面要比无声画面更能够吸引观众的注意力。因此在确定镜头长度时要比无声画面的保留时间长度相对短一些。

2.情绪长度

情绪长度就是满足被摄主体的情绪发展所需要的时间长度，内容长度主要由人眼的视觉特点决定，而情绪长度则主要由心理特点决定。如果用 1 秒钟表现一个老人落泪的镜头，观众只得到一个简单的印象，老人哭了或者老人在哭；如果用 5 秒钟甚至更长的时间来表现，观众便会琢磨和体味老人的感情，并逐渐被这种感情所感染。内容的长度只能让观众看清“是什么”，而情绪长度则足以使观众了解、体会“怎么样”“为什么”。

3.节奏

视听节目中的节奏是指节目内容和形式的长短、起伏、轻重、缓急、张弛、动静等有规律的交替变化，带给观众一种或激动或平静，或紧张或松弛的心理感觉。镜头的长度直接影响着视听节目的节奏，在单位时间里，单个镜头越长，镜头间的转换就越慢，节目节奏就越慢；镜头越短，镜头间的转换就越快，节目节奏也就越快。同时，不同的节奏需要也决定了镜头的长度，在节奏缓慢的段落，镜头可稍长些，在节奏较快的段落中，镜头则可短些。

内容长度、情绪长度和节奏在具体的画面编辑中并不是孤立的，而是紧密联系的。因此，在确定镜头长度时，应该将这三者综合起来考虑。

（三）剪接点

剪接点就是镜头之间的连接点。恰当地选择剪接点，能使一部作品动作连续、形象逼真、镜头转换自然流畅，画面内容符合生活的逻辑和观众的视觉欣赏习惯。剪接点选择不当，可能会使画面内容违背生活的逻辑，让观众感到费解。画面的剪接点可分为动作剪接点、情绪剪接点和节奏剪接点。

1.动作剪接点

动作剪接点以画面中人物（或动物）的形体动作为基础，选择动作的开始，或进行中，或是动作的结束作为剪接点。一个完整的动作在人们的视觉中都是连贯的，但是在编辑时可以发现，任何动作在动作的起点、落点以及动作高潮点（也是动势最大点）上都分别有 1-2 帧的瞬间停顿，使动作处于相对静止状态，这也正是动作、景别转换的契机处，这样两个镜头之间的组接就具有了相对稳定的视觉效果。一般情况下，这个静止点就是镜头的转换点，选择动作的相对静止点作为剪接点，有利于保证动作连接的流畅，这是动作剪辑中的一个规律。从此规律出发，我们可以比较容易地判断镜头转换中的动作依据，如人的起身、坐下，行走时身体的起伏，讲话过程头部的摆动，拿东西时手的起落等都可以作为镜头剪接点。

2.情绪剪接点

情绪剪接点的选择与动作剪接点的选择不同，它以描写人物内心活动、渲染情绪、制造气氛为主。动作剪接点的选择，只要掌握动作的规律是容易把握的，而情绪剪接点的确定，全凭编辑人员对节目内容、主体思想的深刻理解，从揣摩观众心理的角度把握人物内心活动。

3.节奏剪接点

节奏剪接点以事件内容发展进程的节奏线为基础，根据内容表达的情绪、气氛以及画面造型特征来灵活地处理镜头的长度。节奏剪接点的作用，是通过镜头的不同长度，来创造出影响观众心理感受的独特节奏——或舒缓自如，或平和稳定，或紧张激烈。

在选择画面节奏剪接点的同时，还要考虑声音的因素。要注意将镜头的画面造型特征、镜头长度与解说词、音乐、音响的风格节奏有机地结合起来，以达到画面与声音的完美统一。

（四）镜头组接的原则

镜头组接是构成场景、段落，乃至视听作品的基本形式。镜头组接是否合理，直接影响到内容表达和艺术表现。镜头的组接应遵循以下一些基本原则。

1.逻辑性

镜头组接首先要考虑镜头衔接、场景转换、段落构成的逻辑性，镜头与镜头之间、场景与场景之间、段落与段落之间的组织衔接必须使故事情节进展、人物事件关系、时间空间转换这三大方面既合乎生活的逻辑，又合乎人们的思维逻辑。只有正确处理镜头之间的逻辑关系，才能准确流畅，完美地表现视听作品的情节内容和思想内涵。

a.生活逻辑

生活逻辑是指事物本身发展的客观规律。因此，画面编辑首先要从客观实际出发，不能违背生活常理。试想在一部以夏季内容为事件背景的专题片中，如果插入一些穿冬季服饰的人物，则会显得格格不入，扰乱观众的真实感觉。

b.思维逻辑

思维逻辑是指人们观看视听作品时的心理活动规律，充分调动观众的欣赏情趣，引导观众进行积极的思维活动、情感活动和认知活动，加深对画面内容的理解。逻辑性是镜头组接的最基本原则，它对于内容的表述起到决定性的影响。因此在组接两个镜头时要充分考虑镜头之间的内在逻辑关系，以确保画面组接的自然流畅。

2.连贯性

连贯性是指在视听作品编辑中动作的衔接要自然流畅。运动包括三个方面的内容：一是被摄主体的运动，画面中的人或物所处的运动状态，在视听节目的前期拍摄中，通常将被摄主体一个完整的形体动作分解成几个既相互连贯而又瞬间变化的动作片断，这些片段从不同方向、景别和角度完成对一个完整动作的表现；二是摄影机的运动，我们通常把运用推、拉、摇、移、跟等运动摄像技巧拍摄的镜头，叫做运动镜头，这些拍摄技巧引起的镜头运动称为镜头外部运动。如图 7-1 所示，运动镜头一般由起幅、运动过程和落幅三个部分组成，起幅是镜头开始运动前的暂时停歇，相当于较短的固定镜头，运动过程即镜头做推、拉、摇、移等运动的过程，落幅则是镜头运动结束后的停歇，也相当于较短的固定镜头，起幅、落幅在后期编辑中，对确保镜头组接的平稳、流畅，往往有着不可或缺的作用;三是镜头转换所产生的心理运动。构成运动的变量有三个，即速度、方向和动势，这是保证画面动作衔接连贯性的基本形式要素。掌握好速度的衔接可以引导观众的预期情绪反应；运动的方向是观众对动作连续性的判断手段；动势则受到速度和方向的双重制约，是被摄主体或摄影机运动的倾向性，在连贯动作的组接中动势的判断尤为重要。

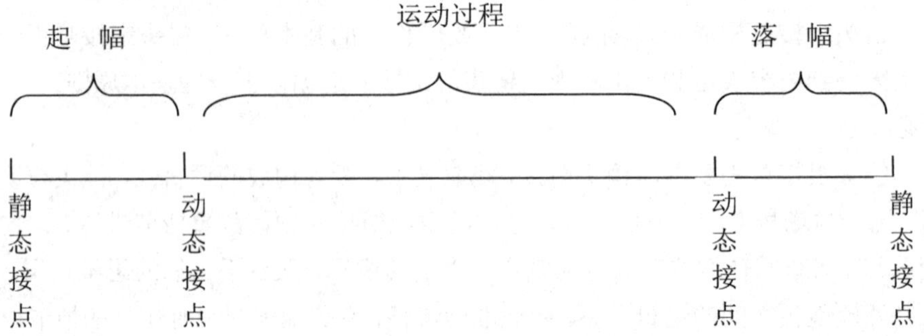

图 7-1 运动镜头的构成

为了创造连贯的动作，在编辑中必须掌握一个原则：“静接静”，“动接动”。这里所谓的动与静是指在剪辑点上被摄主体或摄影机的运动状态处于运动的还是静止的状态，是否具有明显的动感。“静接静”，“动接动”原则要求前后主体和摄像机的运动状态必须要保持一致。下面就以“静接静”，“动接动”原则介绍几种剪接技巧：

a.固定镜头与固定镜头相接

固定镜头是指摄像机焦距、机位不变时所拍摄的镜头，上下两个镜头中，主体运动状态不同所采取的组接方式也各不相同。

上一个镜头中的主体是运动的，而下一个镜头的主体是静止的，根据“静接静”的原则，剪接点应选在前一镜头中主体由动变静的瞬间停歇处或某动作全部完成之后，这样才能保证运动主体与静止主体间的顺畅连贯。

上下两个镜头为了表现同一主体的一个完整动作，可以采取“动接动”的原则，剪接点应选择在动作中间，或动作瞬间停顿的那一点上。

不同主体的动作组接，根据“动接动”的原则，利用主体的运动动势使上下两个镜头中动作连贯、顺畅。例如，单杠的大回环接跳马的空翻落地、高山滑雪的飞起切高台跳水的落下这一组镜头的组接就可以根据主体的运动动势来完成，同时还能保持视线的连续，镜头的连贯。

b.固定镜头与运动镜头组接

采取“静接静”的方式，选择下一个镜头开始运动前的起幅画面与固定镜头组接。

c.运动镜头与运动镜头相接

运动镜头之间的组接，不论画面中的主体是运动的还是静止的，都应做“动接动”的处理，要注意保持运动方向和速度的一致，以免造成前后镜头运动节奏的明显改变。如果上下两个镜头在运动方向和速度上是一致的，在组接时就不需要保留运动镜头的起幅和落幅，直接将运动过程相组接，给人一种一气呵成的感觉。

在镜头组接中“静接静”，“动接动”是基本的原则，但有时候为了某种特殊的需要可以反规则而行之，采取 “静接动”与“动接静”的处理方式。这种组接方式能带来节奏的突变，对推动情节发展有重要作用。例如，一片平静的水面，微风吹动芦苇，突然一艘小艇驶入画面，打破原有的寂静，接下来的一个镜头，则是随着小艇的运动（移动）拍摄芦苇快速在画面中闪过，由静到动，顺理成章。

3.方向性

镜头中主体的运动、人物的视线和人物的交流使画面具有了方向性。在现实生活中，人们可以从任何一个角度观察一个物体的运动，也可以同时看到物体本身及其所处的环境的变化，所以当人们从运动物体的一侧移到另一侧时，就已经意识到了视点的变化，而不会弄错物体运动的方向。但反映在视听作品上的运动就不同了，屏幕的画框空间为主体的方向提供了无限可能性，在现实生活中沿一个方向直线运动的物体，在屏幕中就可能因摄像机拍摄位置的不同而显示出平行运动、垂直运动、斜向运动和弧形运动等不同的运动形态。摄像机的位置对画面中物体运动方向起着决定性的作用，朝同一方向运动的物体，站在不同的侧面去拍摄它，在屏幕上会出现完全相反的运动方向。

因此，我们在组接镜头时，要注意处理好相邻两个镜头之间的方向关系，也就是要熟练掌握轴线规律，保证画面空间的统一。

a.轴线与轴线规律

轴线，是指被摄主体运动（包括位移、视线运动）或交流所形成的一条假想线，它是制约摄像机拍摄方向的界限。轴线可以是直线，也可以是曲线。为了保证被摄对象在屏幕空间中的正确位置和方向的统一，相邻两个镜头拍摄角度的处理要遵守轴线规律，即在轴线一侧的180度之内设置机位或选用同一侧的镜头进行组接，否则就会产生“越轴”现象，导致画面上拍摄主体运动方向改变，破坏画面空间统一，引起观众认识和理解上的错乱。

轴线包括运动轴线和关系轴线两种，运动轴线（也叫动作轴线），是贯穿于主体运动的一条假想线。它由被摄主体的运动方向、路线或轨迹构成，运动轴线会随主体运动方向的改变而改变，为了保持运动主体在画面中运动方向的前后一致，编辑时应将在运动轴线同一侧拍摄的镜头组接在一起。

关系轴线，指两个以上被摄主体每两者之间的假想直线，关系轴线通常由画面人物之间的交流（对话、对视等）构成。如果屏幕上出现两个主体，那么只形成一条关系轴线，拍摄各个主体的总方向必须保持在这条线的同一侧 180 度以内。如果屏幕上出现三个以上的主体，那么每两个主体之间都可以形成一条关系轴线，主体越多，轴线也越多，拍摄总方向只能设定在每两条轴线之间的夹角内。

b.轴线的合理突破

对于在前期拍摄时造成的越轴、跳轴现象，在后期编辑时应当采取一些补救措施予以纠正，使轴线自然地转换。改变轴线的常用方法有以下几种：

插入中性方向镜头:中性方向镜头是指画面主体迎着摄像机前进或背向摄像机朝画面深处前进的镜头。中性方向镜头没有明确的方向性，以其作为过渡镜头，插在两个主体运动方向相反的镜头之间，可缓和越轴造成的视觉冲突感。

借助全景或远景:当画面主体运动速度比较慢时可以采取这种方法，从主体的近景切换到大全景，当轴线变回来后，再切换到小景别（如近景），这样运动主体的运动方向虽然改变了，但由于它在大全景中的形象不明显，因此其运动方向的改变不容易引起人们的注意。当然这种“跳接” 除了景别改变以外，通常拍摄角度也会随之改变。例如近景镜头接俯拍的大全景，角度的改变更容易淡化人们对主体运动方向的注意。

插入特写镜头:特写将被摄体的局部充满画面，不反映与其他事物的空间位置关系，是一种方向性不强的镜头，但在吸引观众注意力，淡化越轴造成的视觉跳动等方面有特殊的作用。

此外，还可以借助被摄主体的运动、摄像机的运动等多种方法交代轴线变化的过程，为镜头组接提供新的合理依据。

轴线问题直接影响到画面空间的方向性，甚至是逻辑上的合理性，在编辑中一般是不允许出现越轴现象，但越轴也可以制造一些特殊视觉效果，必须掌握合理越轴的方法，获得正确的空间顺序和空间结构。熟练地运用各种剪辑技巧及手段，借助如人物、景物、镜头运动等动作性强、景别变化大的特点，弥补拍摄时的错误，营造出最佳的影视空间和视觉效果。

4.景别角度的和谐性

一个叙述段落的清晰表达，常常通过不同景别的镜头组接来实现，因此，不同景别和角度的镜头之间过渡也要和谐、自然。景别角度的和谐性原则包含以下三层含义：

a.同一主体的同机位同景别的镜头不能相接

同机位同景别拍摄的同一主体，其画面内容相近，构图缺乏变化，这样的两个镜头组接在一起易产生视觉跳动，破坏画面的连续性。特别是在多机位现场拍摄时，更应注意不同机位之间的景别和角度的协调和配合。

当出现同机位同景别的镜头组接时，可以通过插入其他相关镜头来暂时转移观众的注意力。如在采访中，为弥补被采访者语言上的累赘或错误，可在衔接的地方接入与采访现场相关的画面内容（话筒、记者的反应镜头）等。还可以运用电视特技，将前后镜头进行叠化。

b.景别角度的变化和内容的节奏相一致

不同的景别具有不同的表现力和描述重点，其叙述功用也不一样。节奏变化的快慢和表现的内容决定着景别的变化，表现叙述性、介绍性内容时，景别变化要平缓；对于思维过程、感情的发展也宜采用平缓的景别变化。景别变换的安排，并不都是为了叙述上的清晰，有时只是通过景别外在的形式、情感的变换节奏产生一种有意味的形式，从而营造一种特殊的情绪气氛。比如对情感、思想或空间的突变，则可使用快节奏、跳跃式的景别传达不同的情绪和感染力，通过同类景别的镜头组接，造成一种积累的效果，或是通过是两极镜头的组接，即大远景与大特写的组接，来造成一种强烈的对比效果，并通过这种视觉上震惊效果，引起观众的注意。

5.影调色调的统一性

影调是指画面上由颜色的深浅和色彩的配置而形成的明暗反差，它是画面造型和构图的主要手段，也是创造气氛、形成风格的手段之一。色调是指当画面的色彩组织和配置以某一颜色为主导时呈现出来的色彩倾向，利用它可以表现情绪、创造意境。

在镜头组接时要注意影调和色调的统一，即使是由一个场景到另一个场景，影调的变化也不宜过于强烈，以免产生视觉冲突，破坏对事件描述的连贯性，影响内容的通畅表达，转移观众的注意力，打乱观众连贯的思维过程。有时为了某种情绪和情感渲染的需要，也常用影调、色彩、光线的强烈反差来营造特殊的效果。

三、实验工具

Adobe Premiere CC 2017

四、实验内容

案例：Premiere 视频编辑实例

实验要求：以算盘为主题进行画面组接，剪辑的基本思路是由《清明上河图》找出最早的机械式计算器“算盘”，紧接着突出算盘在我国科技、生活领域的应用，特别是强调在原子弹实验中的贡献，最后介绍算盘的发明人刘洪及其历史贡献。

1.运行 PR CC 2017 软件，在弹出的【新建项目】窗口中重命名项目名称为“算盘”。

2. 在弹出的【开始】窗口中点击【新建项目】，在【新建序列】窗口选择“DV-PAL 48KHZ”预设，右侧显示的为该预设的相关设置，包括画面大小、帧速率、音频采样频率等信息。

3.在弹出的工作界面中，选择【项目】标签，进入项目库中，点右下角新建标签，选择新建“序列”，并命名为“主序列”，序列也被称为时间线，用来按时间顺序排列素材。

4.**导入素材**。在标题栏中，执行【文件】-【导入】命令，或通过 Ctrl+I 快捷键完成导入，导入素材文件中音视频材料。素材导入后就会出现在项目标签栏中。

5.**插入声音**。将“配音”文件从项目库中拖到序列的 A1 音频轨上，完成音乐的“铺设”工作。

6.**音画匹配**。将“背景”图片从项目库中拖到序列的 V1 视频轨上，背景图片作为画面的底图。当上层画面尺寸小于背景图片时，就会显现出来。点击左侧工具栏中的速度调整工具，并在 VI 视轨上“背景”尾部拖拉，调整背景图片的持续时间与背景音乐的时间一致。

7.**调整图片大小**。以同样的方法，“将清明上河图局部—赵太丞 2”图片拖入到 V2 视频轨，由于图片较大，需要对图片进行调整，在【效果控制】窗口，在缩放调整中，将图像缩放参数为“38.0”。

8.**制作立体效果**。在【效果】库中选择【视频效果】—【透视】—【投影】滤镜，并拖放到【效果控制】窗口，设置“不透明度”为 50%，方向为 135 度，高度为 18，使图片有立体效果。

9.**制造搜索效果**。在【效果控制】效果控制窗口，在 00:00:20:07 设置第一个关键帧，位置参数为“360,288” 缩放参数为“38”，在 00:00:28:17 设置第二个关键帧，置参数为“188,288” 缩放参数为“105”，在 00:00:36:20 设置第三个关键帧，置参数为“548,288” 缩放参数为“105” 在 00:00:44:13 设置第四个关键帧，位置参数为“101,891” 缩放参数为“468”。

10.**制作瞄准效果**。在【字幕】标题栏中选择【新建字幕】—【默认静态字幕】，命名为“Title 瞄准”。

选择左侧线条工具，绘制瞄准的图形，制作完成关闭字幕窗口，“Title 瞄准”出现在项目库窗口。

11.**制作闪动效果**。在【项目】窗口中新建序列，重命名为“Sequence 02”，从项目库窗口中将“Title 瞄准”间隔排列在时间线上。

12.**插入音频素材**。根据配音将“Sequence 02”序列拖入 V3 视频轨的相应位置，搜寻的闪动效果制作完成。

13.**插入图片素材**。将【项目】窗口中“算盘 2”图片插入到 V2 视频轨，调整缩放参数为 36，并添加投影效果。

14.**新建静态字幕**，输入“算盘”，在右侧进行字体样式、大小、描边效果处理，制作完成后拖放在 V3 视频轨，“算盘 2”图片位置之上。

15.**插入效果**。在【效果】选择【视频过渡】-【3D 运动】-【立方体旋转】转场，分别拖放到 V2 视频轨“赵太丞家 2” “算盘 2”之间、V3 视频轨“算盘”字幕开始位置。

16.**效果设置**。在【效果控制】窗口中对转场的的开始位置、持续时间、转场方向进行调整，确保两段转场的起点都从下一段素材开始的位置。方向“自下而上”，持续时间为 2 秒。

17.**设置转场**。按照前面的方法，将“原子弹爆炸”视频片段拖入到 V2 视频轨上，并设置在转场方式为【圆划像】，方向为“由中心划入”。

18.**插入编辑**。以插入编辑的方式插入素材。在【项目】窗口双击“电影邓稼先片段”，进入素材播放窗口，在素材播放窗口，设置“入点”和“出点”位置，将“主序列”上的播放线调整到要插入视频的位置。在播放窗口点击插入。素材自动插入到指定位置。

19.**精确调整**。以同样的方法插入“刘洪”的片段，通过“Ctrl+K”快捷键变成剃刀工具，完成对素材的精确修整。

20.**制作人物标题**。将“刘洪.jpg”文件拖入到主序列中，设置两个关键帧，并添加“投影效果”。

21.**制作滚动字幕**。在【字幕】标题栏中选择【新建字幕】—【默认滚动字幕】，完成字幕内容的输入和格式调整。在【字幕】标题栏中选择【滚动/游动选项】进行字幕运动参数的设置。方向设置为“向右运动”，在“定时（帧）”设置中，选择“开始于画面外”，缓入为0,缓出为60，过卷为0。

22.**导出文件**。在“主序列”窗口中，通过快捷键“I”设置要输出的起始位置，快捷键“O”设置输出的结束位置，确定编辑素材的导出范围。

执行【文件】—【导出】—【媒体】操作，在弹出的【导出设置】窗口中，在【格式】中选择“H.264”,【输出名称】为“算盘.mp4”，并在弹出的窗口中设置存储路径，设置完成后，点击【导出】按钮进行导出。

五、实验总结

画面编辑过程是一个不断探索与调整的过程，“动接动”“静接静”的剪辑原则不是教条的，这一原则是根据视觉与心理传播规律的经验总结，要根据具体的编辑要求灵活运用。

画面编辑是实现蒙太奇理念的手段，蒙太奇是整个影片的思维方法、结构方法和全部艺术手段的总称。从总体上讲，它是导演对整部影视片的叙事方法、叙述角度、时空结构、场景段落以及节奏的布局和把握；从横向上讲，它是指对画面与画面、声音与声音、画面与声音之间的全部组合关系；从纵向上讲，它是指镜头的选择、分切与组合、场面段落的组接与转换的技巧和方法。

常用的蒙太奇形式有平行蒙太奇、交叉蒙太奇、积累蒙太奇、复现蒙太奇、心理蒙太奇等，在编辑过程熟练运用蒙太奇的形式进行画面组接是增强画面叙事，提高影片吸引力的有效手段。

画面的编辑离不开视频剪辑软件的支持，无论是何种剪辑软件在工作流程都是一致的，软件界面的差异不会影响剪辑的过程，不同软件也可以配合起来共同完成影片的编辑，掌握不同软件使用技巧不是难事。

六、扩展实验

实验 1：多机位剪辑：熟练运用所学的编辑技巧，使用 EDIUS 剪辑软件完成一段多机位剪辑实验，掌握运动镜头的组接要领以及影片节奏的把握。

实验 2：Presentation 视频制作：任选某一主题进行素材的收集，包括图片、视频、音频、文字等，完成 Presentation 视频的制作。

七、参考书目

杨尚鸿.编与导:电视编导学原理[M].北京:北京师范大学出版社,2011.

韩雪涛.音视频编辑与电视节目制作实训[M].北京:电子工业出版社,2009.

何苏六.电视画面编辑[M].北京:中国广播电视出版社,1997.

黄著诚.实用电视编辑[M].北京:中国广播电视出版社,2000.

张晓锋.电视制作原理与节目编辑[M].北京:中国广播电视出版社,2004.

方德葵.电视节目编辑与制作技术[M].北京:中国广播电视出版社, 2005.

实验八　影视特效制作

一、实验目的

影视后期特效是弥补实景摄制条件不足，增强画面表现力的手段之一。AE 特效是以 After Effects 软件创作的后期特效，After Effects 在文字特效制作、光效制作、调色处理、粒子特效制作、仿真特效制作、三维空间设计、动画效果制作及片头、片花制作等后期创作实践中有着广泛的应用空间。本实验以 After Effects 软件的基本构成与入门操作为切入点，使学生掌握后期特效的基础知识与制作方法。

二、基础知识

（一）After Effects 软件基本构成

1.界面构成

After Effects CS5 软件默认的、标准的、基本的界面，包括菜单栏、工具栏、项目面板、合成窗口、时间线面板、信息及音频面板、预览控制台面板、特效和预置及文字面板、段落面板等九部分构成。

2.面板组合

a.项目面板（Project）

项目面板（Project），主要用于管理素材、合成组、文件夹，并对素材、合成组与文件夹进行导入、删除、重命名等编辑操作。

b.合成窗口面板（Composition）

合成窗口（Composition），主要用于对特效制作的监控、预览与审视。

c.时间线面板（Timeline）

时间线面板（Timeline），主要是以图层形式来对素材展开特效制作与处理的区域。

d.信息及音频面板（Info & Audio）

信息及音频面板（Info & Audio），其中信息主要显示鼠标位置信息及素材像素构成；音频，主要显示素材的声音效果情况。

e.预览控制台面板（Preview）

预览控制台面板（Preview），主要用于预览时间线上正进行设计、制作之合成组的视频效果。

f.特效和预置及文字面板（Effects & Presets & Character ）

特效和预置及文字面板（Effects & Presets & Character ），其中特效和预置，主要用于检索和添加已知需使用的特效及滤镜效果；文字，主要用于对文字字体、颜色、间距、大小等基本属性的调整。

g.段落面板（Paragraph）

段落面板（Paragraph），主要用于调整和设置文字内容的段落结构与行文格式。通常情况下，在进行以视频、图片、图像为主的特效制作时可将该面板关闭或合并到文字面板后。

（二）图层应用

1.图层概念

处于同一时间线、同一合成组中的图层，相当于从上到下依次叠放在一起的视频素材或影像胶片，其层级关系决定了显示的优先顺序。不同层次的图层之间，可以通过调整其透明度、缩放、位置、图层混合模式、图层样式等属性，来实现各图层画面叠加显现的效果。

2.图层类型

a.文字图层（Text）

文字图层（Text），主要用于在时间线中生成一个专门用于键入文字的图层，以添加必要的文字说明和字幕文字，其快捷键为“Ctrl+Shift+Alt+T”。

b.固态层（Solid）

固态层（Solid），主要用于为待处理的视频、图像素材添加必要的外置蒙版或滤镜特效，其快捷键为“Ctrl+Y”。

c.照明（Light）

照明（Light），主要用于为视频画面添加不同种类的后期灯光效果，可以通过设置灯光的类型、光照强度、锥形角度（聚光灯光照范围）、锥形羽化（聚光灯边缘柔化效果）、灯光颜色、投射阴影（阴影色泽深度）、阴影暗度与阴影扩散（阴影边缘柔化效果）等特效设置来控制画面效果。同时可以设置平行光、聚光、点光、环境光等四种不同种类的灯光投射方式，其快捷键为“Ctrl+Shift+Alt+L”。

d.摄像机（Camera）

摄像机（Camera），可以在一定范围内，对画面内容设置特定方向的运动和不同景别的视频转换，以实现三维空间的设置，其快捷键为“Ctrl+Shift+Alt+C”。

e.空白对象层（Null Object）

空白对象层（Null Object），主要用于调整多层画面的组合效果，或为摄像机的运动效果提供有一定路径规律的虚拟参照物，其快捷键为“Ctrl+Shift+Alt+Y”。

f.形状图层（Shape Layer）

形状图层（Shape Layer），主要用于绘制独立于原视频图层的各类图形、形状，以实现对视频画面的必要修饰或补充。

g.调节层（Adjustment Layer）

调节层（Adjustment Layer），主要用于对时间线中所有图层整体效果的修饰与处理，其快捷键为“Ctrl+Alt+Y”。

h.Adobe Photoshop 文件（Adobe Photoshop File）

Adobe Photoshop 文件（Adobe Photoshop File），After Effects 与 Photoshop 之间素材文件的快速转换和处理，以便于对多图层画面素材之原始数据的保护与提取。

（三）常用滤镜与插件

After Effects 拥有种类繁多的滤镜与插件，其自带或常用的滤镜与插件包括：风格化、过渡、模糊与锐化、模拟仿真、扭曲、色彩校正、生成、杂波与颗粒、蒙版、透视、3D 通道等。此处，重点探讨色彩校正的相关知识。

a.色相位/饱和度（Hue/Saturation）

色相位/饱和度（Hue/Saturation），主要用于对所选中图层的色相、饱和度、亮度等色彩参数的调控。

b.色阶（Levels）

色阶（Levels），主要用于对所选中图层的高亮、中间色、暗部等色彩参数的调控。

c.色彩平衡（Color Balance）

色彩平衡（Color Balance），主要用于调控所选中图层暗部、中间色、高光等彩色参数，来处理其色彩平衡问题。

d.亮度/对比度（Brightness & Contrast）

亮度/对比度（Brightness & Contrast），主要通过调整所选择图层的亮度与对比度，来处理整体的画面效果。

e.曲线（Curves）

曲线（Curves），通过调整所选择图层整体，或R/G/B各通道的色调与明暗关系，来实现对画面的处理。

f.三色调（Tritone）

三色调（Tritone），以指定的三种，或两种，或一种颜色，来分别调整和替换所选择图层中高光、中间色与阴影区的色彩，以此实现调色处理。

g.浅色调（Tint）

浅色调（Tint），主要通过色彩的映射，来处理所选中图层的画面效果；即借助指定的颜色来替换对图层中的黑色、白色以此调整画面色调。

h.自动颜色（Auto Color）

自动颜色（Auto Color），可以参照选定图层的原色彩中的高光、中间色、阴影色的参数值，来自动调整其对比度与色彩。在通常情况下，主要是通过调控原图层的中间色的色彩值，调整图像中的高光、阴影的像素来实现自动调色。

三、实验工具

After Effects CS5

四、实验内容

案例：文字特效制作

实验要求：使用After Effects CS5制作中国风水墨文字特效，适宜在手机上竖屏界面的播放。

1.**运行After Effects CS5软件**。在弹出的【初始化窗口】中选择【新建合成组】。也可以选择【打开项目】，在弹出的对话框中选择已编辑过的项目名称。

2.**新建合成**。在弹出的【图像合成设置】中进行基本参数的设置，在【合成组名称】中，将工程命名为“中国风系列视频特效制作”；设置成手机的竖屏模式，解锁纵横比，设置宽：720，高：1080；持续时间：0:00:05:00(5秒)；其他参数可以保留预设好的设置，按回车键。

3.**新建“黑色固态层”**。使用快捷键CTRL+Y，创建固态图层。在名称中填写，“黑色固态层 1—底色”，在颜色中选取黑色，点击回车键。

4.**固态层设置**。在时间线上单击选中“黑色固态层 1—底色”，在【菜单栏】中，单击【效果】—【杂波与颗粒】—【分形杂波】”，或在右侧【特效和预置】中检索并添加“分形杂波”。

在【特效控制台】中，设置【分形杂波】的参数，设置分型类型为“缠绕”，杂波类型为“柔和线性”，勾选“反转”，“对比度”设置为120；在“变换”下拉菜单中的“缩放”设置为50。

添加“演变”的关键帧效果，在时间线0秒0帧处设置为（0× +0.0°），拖动时间线在第3秒0帧处设置为（0× +180°），在颜色中选取黑色，点击回车键。

5.文字输入。在【菜单栏】中，单击【图像合成】-【新建合成组】，设置合成组名称为“第1排飞过的文字”，其他参数保持不变。

在【工具栏】中，单击“T”文字工具的下拉小菜单，选择“竖排文字工具”；在右侧文字模式中设置字体为“隶书”，大小为50，行距为50，字符跟踪为50，垂直比例120，水平比例为120，其他参数不变。在光标后键入一排文字“山雨忆春晖”。

6.文字关键帧。单击选中文字图层“山雨忆春晖”，按快捷键P调出位置关键帧进行设置，按快捷键S调出缩放关键帧进行设置。首先，在0秒0帧处设置位置关键帧为（600，-350）。

拖动时间线，在1秒0帧处设置位置关键帧为（600，100）。

拖动时间线，在3秒0帧处设置位置关键帧为（600，100），设置缩放关键帧为100%。

在4秒0帧处设置位置关键帧为（630，70），设置缩放关键帧为110%。

7.颜色特效。在时间线上，单击选中“山雨忆春晖”图层，在【菜单栏】中，单击【效果】-【色彩校正】-【浅色调】。

设置其映射黑色到（Map Black To）R:20/G:40/B:60；设置映射白色（Map White To）R:5/G:15/B:30。调整完毕其浅色调特效后，为便于在之后操作的过程中区分背景色与文字，此处先点击浅色调前面的【fx】按钮，暂时关闭浅色调的特效效果。

8.新建特效合成组。在【菜单栏】中，单击【图像合成】-【新建合成组】，设置合成组名称为“中国风水墨文字特效”，其他参数保持不变。

9.导入背景图片素材。按快捷键CTRL+I导入素材“溪山行旅图背景”，并将其拖入到“中国风水墨文字特效”的时间线上。

10.新建墨迹固态层。快捷键CTRL+Y，创建固态图层。在名称中填写，“黑色墨迹固态层”，在颜色中选取黑色，点击回车键。

而后，把合成组“中国风系列视频特效制作”与“第1排飞过的文字”，拖入到“中国风水墨文字特效”的时间线上。

11.添加Turbulence2D特效。在【菜单栏】中，单击【效果】—【jawset】—【Turbulence2D】双击添加回车键。

在【特效控制台】中，单击点开Turbulence2D的“源控制”（Source Control）按钮，点开“燃料”的下拉菜单，调整“燃料层”，选择“第1排飞过的文字”；

点开“差异”的下拉菜单，调整“差异层”，选择“中国风系列视频特效制作”。

打开“仿真控制”的下拉菜单，点击“重新开始”（restart）按钮，进行渲染和预览。

在“仿真参数”（Simulation Parameters）的下拉菜单，调整“域类型”（Domain Type）为“半开”（half-open），调整“时间缩放”（Time Scale）为 5，设置“热量创建”（Heat Creation）为 0。设置 0 秒 0 帧处“烟尘创建”（Soot Creation）为 0，设置 1 秒 0 帧处“烟尘创建”（Soot Creation）为 150，设置 2 秒 0 帧处“烟尘创建”（Soot Creation）为 0。

设置“重力”（Gravity）为-100，“浮力”（Buoyancy）为 2。设置“热量扩散”（Heat Diffusion）的基本参数，在 0 秒 0 帧处设置为 0；拖动时间线，在 1 秒 0 帧处设置为 30；再次拖动时间线，在 2 秒 0 帧处设置为 0。

点开“渲染参数”（Rendering Parameters）的下拉菜单，调整“Alpha 衰减”（Alpha Fall off）为 0.5，设置“密度颜色”（Density Color）为黑白渐变色调，设置“温度颜色”（Temp. Color）为黑白渐变色调，设置“燃料颜色”（Fuel Color）为全黑。

打开“仿真控制”的下拉菜单，点击“重新开始”（restart）按钮，进行渲染和预览。

12.**黑色固态层特效**。在时间线中，单击选中“黑色墨迹固态层”，在右侧【特效和预置】中检索并添加“浅色调”（Tint）特效。

调整“浅色调”特效的基本参数，设置映射黑色到（Map Black To）R:30/G:60/B:90；设置映射白色（Map White To）R:10/G:30/B:50。

在时间线中，单击选中“黑色墨迹固态层”，在右侧【特效和预置】中检索并添加”“阴影”（Drop Shadow）特效。

调整“阴影”特效的基本参数，设置阴影色（Shadow Color）R:50/G:50/B:60；设置透明度（Opacity）为 80%；方向（Direction）为 210°；距离（Distance）25。

在时间线中，单击选中“黑色墨迹固态层”，按快捷键字母“O”。在 0 秒 0 帧处添加透明度关键帧，设置透明度为（Opacity）为 0%；在 2 秒 0 帧处，设置透明度为（Opacity）为 100%；在 3 秒 0 帧处，设置透明度为（Opacity）为 0%。

13.**添加液化特效**。为“山雨忆春晖”图层添加液化特效。在时间线中，双击“第 1 排飞过的文字”合成组，之后单击选中“山雨忆春晖”图层；在【菜单栏】中，单击【效果】—【扭曲】—【液化】，或在右侧【特效和预置】中检索并添加【液化】特效。调整点击浅色调特效前面的【fx】按钮，打开浅色调的特效效果。

通过在时间线不同时间点，设置液化特效的变形网络的模式，变形率数值，来调整其基本参数。在 0 秒 0 帧处，变形网络不变，添加变形率关键帧 0%；拖动时间线，在 1 秒 0 帧处，设置一定变化效果的变形网络关键帧，变形率关键帧 200%；拖动时间线，在 2 秒 0 帧处，设置较大变化比例的变形网络关键帧，变形率关键帧 200%；拖动时间线，在 3 秒 0 帧处，设置变形率关键帧 0%。

14.**文字图层特效。**在时间线中，单击选中“山雨忆春晖”图层，按快捷键字母“O”。在 0 秒 12 帧处添加透明度关键帧，设置透明度为（Opacity）为 0%；在 2 秒 0 帧处，设置透明度为（Opacity）为 100%。

在第 1 排飞过的文字合成组中，于“山雨忆春晖”之后，分别键入“城隅彦彩追”“故人常隐梦”“梦引少年归”三排竖排文字；调整各个图层的顺序，并依次排列其在监视器中的位置。

特效复制。按住 Ctrl 键，分别选中“山雨忆春晖”图层的“缩放”和“透明度”，按 Ctrl+C 复制，再次粘贴到新键入文字的三个图层中。其次，单击选中“山雨忆春晖”图层的“效果”，按 Ctrl+C 复制，一并粘贴到新键入文字的三个图层；此处需注意，不可盲目地完全照搬“山雨忆春晖”图层的效果与变换属性，一定要根据四排文字的内容与出现时机，来相应调整各项特效出现的时间节点，并依次调整好各自的具体变化效果、时刻与方式。

15.**预览效果，细节微调与渲染输出。**按小键盘区数字键“0”预览制作效果，对不理想之处进行微调，之后保存最终制作的效果，按其快捷键“Ctrl+M”输出影片为“中国风水墨文字特效.avi”。

五、实验总结

需注意尽量使用快捷键操作，提高特效制作的效率和准确度；同时注意在完成一项关键操作后，及时按快捷键 Ctrl+S 保存工程。

注意选择稳定性强、实用性高、具有普遍适用性的插件和滤镜强化特效制作，拓展 AE 影视特效制作的功能。

注意灵活运用活学活用，融会贯通。通常同一效果会有多种有不同的操作方法与特效设置技巧，初期学习要勤学习、常操作、多借鉴；而后通过多次训练和操作实践，总结出适合自己操作习惯的特效制作方法，并举一反三地完成各项影视后期制作的实践创作。

常用快捷键：

a.新建类快捷键

新建合成组“Ctrl+N”，新建项目“Ctrl+Alt+N”，新建文件夹“Ctrl+Shift+Alt+N”，新建固态层“Ctrl+Y”，新建调节层“CtrlAlt+Y”，新建空白对象“Ctrl+Shift+Alt+Y”，新建遮罩“Ctrl+Shift+N”，新建摄像机

“Ctrl+Shift+Alt+C”。

b.打开类快捷键

打开项目“Ctrl+O”，打开上一次的项目“Ctrl+Shift+Alt+P”，循环打开视窗“Ctrl+Tab”，打开透明度关键帧设置 T，打开位置关键帧设置 P，打开缩放关键帧设置 S，打开旋转关键帧设置 R，导入素材“Ctrl+I”，导入多个素材“Ctrl+Alt+I”，打开源层“Alt+双击层”，打开固态层设置“Ctrl+Shift+Y”。

c.关键帧快捷键

设置关键帧速度“Ctrl+Shift+K”，设置关键帧插值“Ctrl+Alt+K”，关键帧向前移动一帧“Alt+→”，关键帧向后移动一帧“Alt+←”，关键帧向前移动十帧“Shift+Alt+→”，关键帧向后移动十帧“Shift+Alt+←”，到前一个可见关键帧 J，到后一个可见关键帧 K，到前一个可见层的关键帧 Ctrl+J”，到后一个可见层的关键帧 Ctrl+K”，保存帧“Ctrl+Alt+S”。

d.其他常用快捷键

保存“Ctrl+S”，另存为“Ctrl+Shift+S”，预览小键盘“0”，预合成“Ctrl+Shift+C”，输出视频“Ctrl+M”，拷贝“Ctrl+C”,复制“Ctrl+D”，剪切“Ctrl+X”，粘贴“Ctrl+V”，撤销“Ctrl+Z”，重做“Ctrl+Shift+Z”，选择全部“Ctrl+A”，取消选择全部“Ctrl+Shift+A 或 F2”，隐藏或显示参考线“Ctrl+;”，隐藏或显示标尺“Ctrl+R”。

六、扩展实验

实验 1：三维动画创作：使用 AE 的摄像机特效和灯光特效制作翻书效果。

实验 2：AE 模板创作：从 Newcger 网站下载免费 AE 模板，根据自己的素材和创作需要进行模板的素材替换和修改。

七、参考书目

黄文卿. After Effects CS5 完全学习手册[M].北京:化学工业出版社,2011.

曾诚. After Effects CS5 影视特效制作标准教程[M].北京:中国电力出版社,2011.

吉家进. After Effects 影视特效制作 208 例[M].北京:人民邮电出版社, 2012.

董明秀,李铁.中文版 After Effects 影视特效与栏目包装 108+[M].北京:清华大学出版社,2012.

刘希,刘佳. AfterEffectsCS5 影视后期处理应用教程[M].北京:人民邮电出版社, 2013.

张天骐. After Effects 影视合成与特效火星风暴[M].北京:人民邮电出版社,2012.

实验九　音频编辑与制作

一、实验目的

音频不仅是广播节目的表现形式，也是视听作品的重要构成元素，是增强媒介产品的表现力不可或缺的手段。通过本课的实践操作，使学生掌握声音的采录、编辑、制作等多个环节的基本原理与技巧，特别是掌握影片中声音的编辑技巧及声画组合的多种方式，使完美和谐的声音艺术的与画面相辅相成，相互支撑，相互补充，共同构成一个完整的艺术整体。

二、基础知识

（一）音频术语

1.声音的物理特性

声源：引起声波的振动源。

声场：声波所波及的空间。

频率：声波通过空气引起压缩（浓密点）和稀薄（疏松点）的交替变化，每一秒内压力变化的次数叫做频率，单位赫兹（Hz）。

振幅：声波的强度，即人耳感知到的音量和响度。

电平：一种表示电量（电压、电流或功率等）相对大小的参数。通常指定某一电量的数值作为基准值，以其它数值和基准值相比的对数值表示电平值。单位为分贝（dB）。

分贝：以 dB 表示，电平的增益或衰减的单位。

声压级：声压相对大小的指标。

延时：相对于直达声而言，声音到达听音者的反射声(回声)和直达声之间的时间差。

混响：直达声消失后，声音延续所引起的交混现象。在室内，混响常由声音在墙面等连续多次反射所引起。如果混响时间太长，则前后声音交混听不清楚。

动态范围：声音的最大声压级和最小声压级之间的差值，每种声源的动态范围依据各自的特性有所不同，动态范围也用来表示录制载体的处理信号电平的范围。

掩蔽效应：在噪声较大的环境中，一个较弱声音（被掩蔽音）的听觉感受被另一个较强声音（掩蔽音）影响的现象。

信噪比：录制电平和设备底噪之间的差值，信号被放大的越多，噪声就越响。

2.声音的主观感受特征

响度：人耳对声音强弱的主观感觉，又称声强或音量。

音调（音高）：人耳对声音频率高低的主观感受，音调大小取决于声波基频的高低，频率越高，音调越高，频率越低，则音调越低。

音色：也称音品，不同的发声体产生不同的声音波形，形成不同的音色。

3.音质术语

声音干：主要是指混响时间偏短，混响量不足，尤其是中高频段的混响量缺乏造成听觉干涩。

声音硬：主要是指中高频成分偏多，低频缺乏，且高频谐波衰落过快。

声音空：混响声（中高频）比例过大，造成听觉上主音不突出，不结实有虚无缥缈的感觉，拾音距离过远也会造成空的感觉。

声音薄：是指 500Hz 低频衰减过多，低频能量欠缺，力度感不够且混响也不足时声音在听感上单薄无力的情况。

声音闷：由于 3000Hz 以上高音成分衰落较多，高频混响不足，而在低频尤其 100-200Hz 段能量过高，造成声音不亮的现象。

声音哄：中低频能量过强，混响过强，且可能有共振现象，造成一种“哄哄”作响的声音，使声音清晰度下降。

4.声音的录制方式

单声道录音：左右两个通道录制的信号完全相同，形成一个点声源的信号，失去声源信息的立体空间感。

双声道（立体声）录音：根据双耳效应原理，两个通道记录和重放不同强度与延时的信号，使双耳产生强度差、时间差，从而产生方位感。

多声道录音：多声道拾音、放音的系统。

5.数字音频三阶段

采样：按照一定时间间隔对模拟音频随时间连续变化的信号幅度进行取样，形成时间上不连续的脉冲序列，每个脉冲序列的高度反映了采样时刻的信号振幅大小。

量化：把连续变化的模拟信号变成离散的二进制（比特），以便在数字域进行处理和存储。编码：按照一定格式（标准）对数字信号进行压缩，以便信号的传输、存储、编辑。

（二）常用音频格式

1.*.MIDI 格式

MIDI 文件只能用于器乐，不能表现自然人声。MIDI 文件并不是一段录制好的声音，而是记录声音的信息，是通过声卡再现音乐的一组指令，MIDI 文件重放的效果完全依赖声卡的档次。许多浏览器不需要插件就支持 MIDI 文件，1 分钟的 MIDI 音乐的数据量大约为 5～10KB，因此用很小的数据量就可以提供较长时间的声音剪辑。MIDI 文件不能被录制，而是通过计算机作曲软件写出或通过声卡的 MIDI 口把外接乐器演奏的乐曲输入电脑。在网页设计中 MIDI 常用于背景音乐和电子贺卡的制作。

2. *.WAV 格式和*.AIF 格式

WAV 是微软公司开发的一种声音文件格式，AIF 文件是苹果公司开发的声音文件格式。一般来说，WAV 文件多用于 Windows 平台，而 AIF 文件则在苹果 Macintosh 平台应用较多。除开发公司不同外，两种音乐格式具有很大的相似性：两种音乐文件的都是无损音乐格式，都可以支持多种压缩算法；两种声音文件质量和 CD 相差无几，都具有很好的声音品质；许多浏览器都支持这两种格式的文件并且不需要插件；我们可以从 CD、磁带、麦克风等录制 WAV 文件或 AIF 文件，几乎所有的音频编辑软件都支持这两种格式。但是，由于两种文件都具有较大的数据量，因此两种文件在网页中使用的声音剪辑的长度受到了局限，WAV 文件和 AIF 文件常常用于较短的网页音效中，如按钮音效等，而不太适合用于较长时间的网页音乐。

3. *.MP3 格式

MP3 文件（即 MPEG-音频层-3，扩展名为.mp3）是现在网络音频文件格式的主流。MP3 音频文件的压缩是一种有损压缩，其音频编码具有 10:1－12:1 的高压缩率，能够基本保持低音频部分不失真，在压缩过程牺牲了声音中 12KHz 到 16KHz 高音频的质量，相同长度的音乐文件数据量 MP3 一般只有 WAV 的 1/10 左右。虽然 MP3 文件音质要次于 CD 格式或 WAV 格式的声音文件，但是一般人的耳朵很难分辨出来；MP3 运用流媒体技术，以便访问者不必等待整个文件下载完成即可收听该文件，但作为流媒体，MP3 文件比 RealAudio 文件大；MP3 没有版权保护技术，要播放 MP3 文件，用户端只需安装播放程序或插件即可播放。

4.RealAudio 文件

RealAudio 文件(扩展名为.ra、.ram、.rpm)具有非常高的压缩程度，文件数据量要小于 MP3。RealAudio 可以根据不同的网络带宽而设置不同声音的质量，主要适于网络上的在线音乐广播和欣赏。RealAudio 是典型的音频流媒体文件，可以在普通的 Web 服务器上对 RealAudio 文件进行“流式处理”，用户安装了 RealPlayer 程序或插件就可以边下载边播放声音，RealAudio 在低带宽环境下的传输性能非常突出。

5. *.WMA 格式

WMA 格式是微软公司开发的压缩音乐格式。WMA 的优点是压缩率可以达到 1:18 左右，且音质要强于 MP3 格式；WMA 支持音频流技术，适合在线播放，并且 Windows 平台已自带 Windows Media Player 软件，无需安装额外的播放器；WMA 还内置了版权保护技术，便于正版音乐的传播。由于上述优点及微软 Windows 平台的普及，WMA 文件在网络音乐和网络广播领域大有后来居上之势。

（三）声音系统类型及编辑技巧

声音已经成为视听作品的基本要素，在这里我们主要以视听媒介中声音的特性与编辑进行讲解。声音系统主要包括人声、音乐和音响，声音的编辑是指对人声、音乐、音响的选配、组接以及三者之间综合处理的技巧，使完美和谐的声音艺术的与画面相辅相成，相互支撑，相互补充，共同构成一个完整的艺术整体。

1.人声的编辑

a.对白的编辑

对白的编辑要以人物的“语言动作”为基础，以对白的内容为依据，综合考虑情境中人物性格特点、言语速度、情绪节奏等因素。人物对白的编辑分为平行剪辑和交错剪辑两种方法：

平行剪辑

指声音与画面同时出现，同时切换，它有三种具体的剪接技法：

时空舒缓法：镜头切入与切出时，声音与画面要预留一定的时空，作为两个镜头之间的缓冲。这种方法适合于会议上人物的发言，人物在正常情况下的对话、聊天等。

情绪呼应法：上一个镜头声音一完即切，下一个镜头则根据人物的表情动作、心理动作，结合剧情的需要，预留一定的时空，表达对上一个镜头情绪或内容的呼应和反应。这种剪辑方法在人物对话中，最为常见。上一个镜头人物语音一结束，就表现下一个镜头中人物的反应。这种剪接方法比上一种更为灵活，处理时也更适合不同的内容情节。

内容紧凑法：上一个镜头的声音一结束，声音与画面立即切出；下一个镜头的声音与画面立即切入。这种方法在正常的人物对话中不常用，只有在剧情需要时，如两人争论、吵架的场景，用这种剪辑方法最合适，能够很好地渲染吵架时针锋相对的气氛。

交错剪辑

交错剪辑是指对话声与画面不同时切换，而是交错地切出、切入。它有两种具体的剪接方法：

声音滞后：上一个镜头画画切出后，声音拖到下一个镜头的画面上，待上一个镜头中人物说话停止后，下一个镜头的声音才接上来。这种剪接方法对表现下一个镜头中听者的反应以及表情的变化有着特殊的作用。

声音导前：上一个镜头的声音切出后，画面内的人物表情动作仍在继续，而将下一个镜头的声音提到上一个镜头中去。常用来表现下一个镜头的是“未见其人，先闻其声”，通过这种剪接方式还能起到设置悬念的作用。

b.解说的编辑

解说离不开画面，因为画面是视听节目的本体语言，没有了画面，也就没有了解说，解说对画面具有不可摆脱的依附性；另一方面解说并不被动地从属画面。在反映社会生活和表达思想感情时，解说具有较强的主动性，是视听节目结构的共同构成要素。因此，解说与画面的关系不是简单意义上的统一，而应是有机的组合、理性的整合。解说的编辑首先要正确处理解说与画面的关系，解说要源于画面，不重复画面；解说概括画面，不脱离画面。

c.现场采访同期声的编辑

从声画结构上看，同期声讲话是一种有声画面，应属直观形象系统（亦即图像系列），但是，从表意形式上看，它却属于语言系统（亦即解说系列）。在这样的画面中，人物的动作和声音同时出现，作为一种复合形态，它兼有了图像与解说的双重功能。在节目传播中，同期声可以发挥声、画的双重功能。同期声既具有主观性，又有客观性。所谓主观性，是指采访者或被采访对象讲话时带有主观思想意念。所谓客观性，是指声音发自拍摄现场人物本身，不是后期加工制作的，所以属于纯客观声音语言。正是由于同期声的这种双重属性，使得同期声对增强信息传播的可信性、增强节目的交流感、感染力等方面都有重要的作用。

同期声的编辑既是一个技术问题也是一个艺术问题，在对同期声进行编辑时要注意以下几点：

内容要精炼：同期声追求声音的原生态展示，对于提高视听节目传播效果发挥了不可替代的作用。但是，纪实并不等于不进行加工和提炼。同期声的运用也是一个去粗取精的过程。

人物同期声首先应该言之有物，所有采访都要表达一定内容或讲述事实，或亲切交谈，或表达观点，或激情高歌，关键是恰到好处，言之成理。所以在编辑同期声时，必须要从繁多的同期声中选择有价值的，删除那些信息含量不高的镜头，要起到说明问题，激发情感，起到画龙点睛之功用。

衔接要顺畅：同期声编辑中的第二个要求就是画面的流畅表达。对同期声画面的处理场合有几种：其一，对冗长信息的删减；其二，对一些段落较长又有价值的采访镜头进行信息的补充和强化说明。比如将采访者提及或介绍的有关画面及时切出，插入与讲话内容相关的图像、图片和资料镜头，以丰富讲话内容，这样既能够有效地扩展声音信息量又能加深受众的理解。

2.音乐的编辑

视听作品中的音乐编辑可分为两类：一是歌曲、戏曲、器乐曲等音乐类作品剪辑，对于这类音乐编辑的剪辑点选择要以音乐的节奏、乐句、乐段的出现、起伏与终止为主要依据。另一类是为烘托画面内容而配置的画外音乐，这一类音乐的编辑要注意将音乐的节奏、乐句、乐段与画面内容的情绪及长度有机结合起来。

音乐的选配要与全片主题、风格的相统一，首先要确定一个统一全片的基本风格，不能把全片音乐的各个乐段搞成各自独立、互不关联的乐段大杂烩。音乐的剪接点既要在旋律、节拍、节奏、乐句、乐段上加以选择，又必须与画面相吻合。剪接点应在乐段或乐句的转换处，否则会破坏乐曲的完整感。段落过渡要自然，不要有明显间断点。配乐的进、出要考虑旋律的行进，开始的乐曲一般用上行乐句，结束句宜用下行乐句，两段音乐衔接处要注意彼此之间的调性上的关系。

3.音响的编辑

音响是增强画面真实感，渲染环境气氛的重要元素。音响的编辑要根据景别的不同配以不同音量的音响，一般来说，近景、特写等近视距景别，音量可以相对稍大一些；而全景、远景等远视距景别，在屏幕的视觉感受上，画中主体与观众较远，音量可以相对稍小一些。同时，音响剪接点的选取也要以画面内容为基础，在某一段效果音响的首尾选择剪接点，特别要把握好同期声效果音响与画面互相配合的关系。比如一些描写环境气氛的自然音响效果，如海水冲撞礁石所发出的巨响、潮落的水声，音响效果也必须与画面中海水的起幅、落幅动作一致。否则，画面与声音将脱节。音响剪接点选择准确，可以使屏幕视听效果更加真实，选择不当则会产生虚假的感觉。

4.声音编辑的基本原则

视听作品中的声音以人的语言为主，音乐、音响处于次要的地位，这是处理声音的主次关系的原则。这一原则包括三个方面的内容：在同一时间里，只能有一种声音是为主的；有两种以上的声音出现时，主次声音的音量比例要控制好；如果两种以上声音出现，次要声音持续时间不要太长。

（四）声画组合编辑技巧

声画组合又称声画蒙太奇，是指声音与画面以不同的形式结合在一起，是对画面和声音所进行的综合处理。声画蒙太奇一般分为声画合一和声画对位两种形式。

1.声画合一

声画合一也称声画同步或声画统一， 画面上有什么声源，即出现什么声音。声画合一是声画关系各种形式中运用最多的一种。声画合一常常表现在以下几个方面：

a.解说词与画面的统一

解说词紧密配合画面，去发掘画面形象中蕴含的更多信息和更深层次的思想意义，起到深化主题、突出主体的作用。

b.同期声

在纪实类视听节目中，声画合一运用最多的是同期声。采访者对事件作现场报道，对新闻事件的当事人和有关人员进行的采访的同期声画面都属于声画合一。

另外，与画面同步的同期效果音响，也是声画合一的重要形式，同期效果音响与画面统一，有助于制造现场气氛，使画面形象更为真实。

2．声画对位

对位原系音乐术语。是指音乐作品中若干个相对独立的旋律声部结合为和谐整体。声画对位又称声画分离，声画各自表现不同的内容，摆脱了相互的制约，获得了相对的独立和自由，同时，在新的基础上求得和谐统一。根据声音和画面各自表现内容之间的关系，声画对位又可分为：声画并行和声画对立。

a.声画并行

指声音与画面在两条线上并行发展，二者之间若即若离，表面游离，实质上是貌离而神合，通过声画并行调动观众的联想，去揭示声画结合后的新意义。声画并行不是具体地追随或解释画面内容，也不是与画面处于对立状态，而是以自身独特的表现方式从整体上揭示视听节目的思想内容和人物的情绪状态，在听觉上为观众提供更多的联想和潜台词，从而增加单位时间内的信息容量。

b.声画对立

指声音与画面之间在情绪、气氛、节奏以至内容等各方面相互对立，通过对立双方的反衬作用，使声音具有寓意性或暗示性，从而深化主题思想，达到到更加感人的艺术效果。生活中有悲哀与喜庆、粗狂与细腻、奔放与柔情，这数者之间的对立，借用到声画关系之中，就构成了声画对立。这种声画对立在特殊场合使用比起声画合一和声画并行来，具有更强的表现力量。声画对立用得得当，会使画面艺术效果更为强烈；用得不当，很可能会表意不明，使观众感到费解。所以，声画对立手法在运用时要慎之又慎，切忌乱用。

三、实验工具

录音话筒、Adobe Audition CS3 音频处理软件

四、实验内容

案例：Auditon 声音录制与编辑

实验要求：朗诵一段诗歌，并通过 Auditon 进行录制和声音合成，输出*.MP3 格式。

1.**新建会话**。运行 Adobe Audition CS3 软件，在软件运行界面执行【文件】-【新建会话】命令，并设置采用频率为“48000”。

2.**导入背景音乐**。进入【导入】窗口，选择诗朗诵所需的背景音乐-“背景音乐.mp3”，点击【打开】按钮，完成背景音乐的导入。

3.**插入背景音乐**。在【文件】窗口右键单击所导入的“背景音乐.mp3”文件，选择【插入到多轨】，将背景音乐插入到多轨编辑模式的“音轨 1”中。

4.**输入设置**。将“音轨 2”设为录音轨道，在左侧轨道设置窗口中，设置输入为“立体声”-“[01S]内置麦克风”，[01S]内置麦克风”将为录制的声源。

5.**设置背景音乐轨独奏**。在“音轨 1”的轨道设置窗口点击【S】按钮，设置“音轨 1”为独奏轨道，这样在录制过程中，录音者就可以听到背景音乐，录制过程中轨道素材也不会被覆盖。

6.**录音轨道激活**。在“音轨 2”轨道设置窗口中，选择【R】按钮，激活“音轨 2”为录音轨道，在弹出的【保存会话为】窗口，设置文件名为“诗朗诵”，将多轨进行保存。

7.**声音录制**。在界面左下方的【传送器】窗口，点击最右侧【录制】按钮，这样就可以录制声音了，对着麦克风朗诵，声音的波形就出现在了“音轨 2”轨道上，录制过程中，如有错误直接把播放时间线拖回到错误位置，重新点【录制】按钮进行录制即可。

8.**降噪处理**。降噪是声音编辑处理的重要的一环，在“音轨 2”上双击录制完成的素材，进入单轨编辑模式，对单一素材进行处理，放大波形查看，在素材中存在低频噪音，需要对其进行处理。

选中低频噪音，点击标题栏中【效果】—【修复】—【降噪器（进程)】，进入【降噪器】设置窗口。

在【降噪器】窗口，选中【获取特性】，获取噪音特性，对所选中的噪音样本进行采集，噪音采集结束后，点选【波形全部】按钮，将降噪效果应用于整个波形，点击【试听】按钮，根据试听状态，调整【降噪级别】，调整结束后，选择【确定】

应用降噪设置。如果降噪效果不理想，可重复此操作。

9.**混响效果**。在试听中发现声音混响不足，缺乏空间感。需对声音进行混响处理，点击标题栏中【效果】—【混响】—【简易混响】，进入【简易混响】设置窗口，边预览边调整，直到效果满意为止。

处理完毕，点击窗口的【多轨】按钮，进入多轨编辑模式。

10.**声音合成**。在【多轨编辑】窗口，对“音轨 1”和“音轨 2”进行合成处理。对音频文件的长度进行修正，选中要处理的音频，将播放线拖动到要删掉的音频位置，执行【剪辑】—【分离】操作，音轨素材在播放线位置被截断，删除多余部分，也可通过快捷键“Ctrl+K”完成。

通过试听发现背景音乐的音量过高，通过“音轨 1”轨道左侧的音量调节旋钮，将音量降到“-8.9”，同时在背景音乐尾部添加 4 个关键帧，分别调节 4 个关键帧的音量大小，制作背景音乐“淡出”效果。

11.**声音输出**。调节“音轨 1”上方黄色的滑块，设置导出的入点和出点。执行【文件】—【导出】—【混缩音频】操作。

在弹出的【导出音频混缩】窗口，设置【文件名】为“诗朗诵”,【保存类型】为“.wav”格式，在【范围】设置中选择“选择范围”，也就是上一步骤中所设置的入点和出点区域，点击【保存】，音频文件制作完成。

五、实验总结

在影视作品中，声音是构成视听空间的基本组成部分，也是蕴含思想内容、体现风格特点的重要艺术元素，无论前期拍摄还是后期编辑都要重视声音的作用。

不同类型的视听节目对声音有着不同艺术追求。一般来讲，在影视声音编辑过程中，首先进行的是语言剪辑，要与画面匹配并且决定了画画的长度之后，再进行音响的剪辑，当音响完成了之后，再进行音乐的剪辑。

画面和声音的蒙太奇关系是一个艺术创作的过程，在作品拍摄过程中要正确运用各种声画组接技巧。

六、扩展实验

实验 1：广播新闻节目制作：自己设计一档广播新闻节目，熟悉广播新闻节目的编排、制作，包括采访、写作、编辑、录音、配音、配乐、合成、审听等业务环节。

实验 2：视听综合创作：结合剧本创作、影视拍摄、画面编辑、后期特效等实验的内容，进行完整的是视听作品创作。

七、参考书目

安栋.数字音频基础[M].上海:上海音乐学院出版社,2011.

方德葵,陈洪诚,林强军,等.广播节目编辑与制作技术[M].北京:中国广播电视出版社,2005.

周忠成,王春明.数字音频制作技艺[M].杭州:浙江大学出版社,2008.

韩宪柱.声音制作基础[M].北京:中国广播电视出版社,2001.

李建刚.广播节目制作[M] .北京:高等教育出版社,2013.

杨尚鸿.编与导:电视编导学原理[M].北京:北京师范大学出版社,2011.

肖峰.广播节目制作[M].武汉:武汉大学出版社,2014.

宫承波.影视声音艺术概论[M].北京:中国广播电视出版社,2010.

姚国强.影视声音艺术与技术[M].北京:中国广播电视出版社,2003.

姜燕.影视声音艺术与制作[M].北京:中国传媒大学出版社,2008.

实验十　网页设计与制作

一、实验目的

网络已经成为人们生活中不可或缺的获取信息、传播信息的媒介，网页是我们接触网络、发布信息的窗口和渠道。通过本实验使学生了解网页设计与制作的基本步骤，掌握 HTML 文档的结构、HTML 语言常用标签的使用方法、CSS 语言的引用方法，使用 Adobe Dreamweaver CC 制作简单的静态网页。

二、基础知识

网页根据 HTML 文档的生成方式可分为静态网页和动态网页；静态网页是指没有经过 WEB 服务器动态处理就直接返回给浏览器的一种网页；而动态网页是指接收到客户端请求之后，WEB 服务器先连接数据库，根据业务逻辑将读取的数据与网页模板整合之后再返回给客户端进行解析处理的一种网页。根据实验目的，本实验只涉及静态网页的制作，本篇余下部分中的网页制作概念，除非特殊说明，否则全指“静态网页制作”。动态网页的制作方法请阅读其他相关书籍。

（一）网页制作的基本步骤

1.网页设计

选择主题。设计一个网页，最重要的是选择好网页的主题内容，选择要有特色，不能包罗万象，同时要敢于标新立异。

收集和加工素材。素材的内容主要有文字、图片、动画、声音、视频等，收集来的素材还需进一步的整理、加工。

2.网页制作

选择网页制作工具。制作网页的工具很多，根据自己的实际情况选择一个最拿手、最熟悉的网页制作工具就行。本实验中使用的网页制作工具为 Adobe Dreamweaver CC 2018 版。

制作网页。网页是有超文本标签语言编写的文件，扩展名为“.html”、“.htm”

或“.shtml”等，网页是由 HTML、XHTML、XML 等编写语言将将文字、图片、音频、视频、程序等素材按照设计的要求合成起来。

3.**网页发布**。制作网页的目的是要将网页发布到网上，让更多的浏览者来访问发布的站点，因此发布网页这一环节必不可少，否则失去了制作网页的意义。

（二）HTML 基础

HTML 语言，又称超文本标记语言，是英文 Hyper Text Markup Language 的缩写。用 HTML 编写的超文本文档称为 HTML 文档，HTML 文档是 Web 页面的基础，是 Web 网站的结构和内容。HTML 文档由 HTML 标签、文本和 CSS 组成，使用 HTML 标签可以格式化文本、添加超链接、插入图片、插入音视频和动画等，目前 HTML 语言最新的版本为 HTML5。

CSS，又称为层叠样式表，是英文 Cascading Style Sheets 的缩写。通过 CSS，我们可以方便的设置 Web 页面的外观，是一种将网页表现与网页内容分类的样式设计语言，目前最新版本为 CSS3。

1.HTML 标签

HTML 不是一种编程语言，而是一种标记语言 (markup language)，HTML 使用一套标记标签 (markup tag)来描述网页。HTML 标签是 HTML 语言中最基本的单位，通常是成对出现的，由尖括号包围关键词构成。HTML 标签对字母大小写不敏感，例如“主体”<body>跟<BODY>表示的意思是一样的，推荐使用小写。如图 10-1 所示，代码 1 为使用 HTML 标签构成的一个简单 HTML 文档，图 10-2 为代码 1 在浏览器中的展示效果。

```
<html>
    <head>
        <title>第一个 HTML 文档的标题</title>
    </head>
    <body>
        <!—以下是网页显示的内容-->
        第一个 HTML 文档
    </body>
</html>
```

图 10-1 代码 1 第一个 html 文档

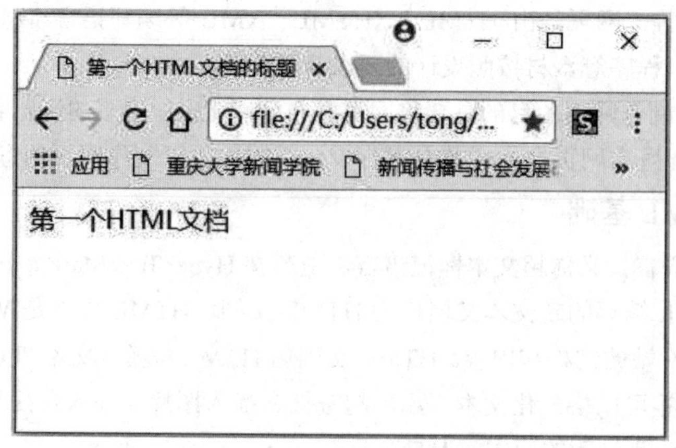

图 10-2 代码 1 在浏览器中的展示效果

如图 10-1，代码片段 1 所示，一个完整的 HTML 文档包含根部、头部和主体 3 部分，分别使用标签<html>、<head>、<body>。<html>元素代表 HTML 文档的根(root)，其他所有元素都是该元素的后代。<html>与</html>标签限定了文档的开始点和结束点，在它们之间是文档的头部和主体。文档的头部由<head>标签定义，<title>定义文档的标题，它是 head 部分中唯一必需的元素。如果在文档中忽略了<head>标签，则大部分浏览器会自动创建一个<head>元素。而主体由<body>标签定义，任何一个 HTML 文档，只允许存在一个<body>元素。而标签<!-- -->标签为注视标签，注释标签用于在源代码中插入注释以增加代码的可读性，注释不会显示在浏览器中。

2.HTML 常用标签

HTML 文档由 HTML 标签、文本、CSS 组成，使用 HTML 标签可以格式化文本、添加超链接、插入图片等。每个 HTML 标签都可设置 id、class 属性，id 属性规定元素的唯一 id，class 属性规定元素的一个或多个类名（引用样式表中的类），id 属性和 class 属性主要用来供后续的 CSS 或脚本语言对元素进行引用的使用。

最新版的 HTML5 共有 120 个标签，虽然使用网页制作工具可以不必手动编辑 html 标签，但是掌握常用的 HTML 标签，是阅读网页、理解网页、维护网页的必备能力。

a.分区标签<div>

分区标签<div>可定义文档中的分区或节（division/section），是一个块级元素，这意味着它的内容自动地开始一个新行。实际上，换行是<div>固有的唯一格式表现。<div> 标签可以把文档分割为独立的、不同的部分，常结合 CSS 进行页面布局。<div>使用方法和效果如图 10-3 代码 2 和图 10-4 所示。代码 2 中使用了 CSS 代码，CSS 相关知识将在下一部分 CSS 简介中进行介绍。

```
<html>
  <head>
    <title>div 标签的用法</title>
    <style>
    /* css 样式 */
    div{text-align:center; border:1px dotted #000;}
    .other{height:50px; line-height:50px;}
    .middle{height:200px; line-height:200px;}
    #left{height:200px;width:20%;float:left;}
    #right{height:200px;width:79%;float:right;}
    </style>
  </head>
  <body>
    <div class="other">上部</div>
    <div class="middle">
      <div id="left">左部</div>
      <div id="right" style="">右部</div>
    </div>
    <div class="other">下部</div>
  </body>
</html>
```

图 10-3 代码 2　div 标签结合 css 进行页面布局代码

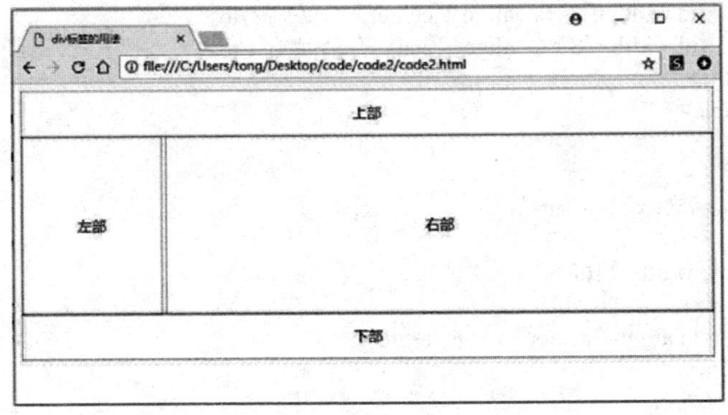

图 10-4 代码 2 显示效果

b.表格标签<table>

<table>标签定义 HTML 表格， HTML 表格一般由<table> 标签以及一个或多个<tr>、<th> 或<td> 标签组成。<tr>标签定义表格行，<th>标签定义表头，<td>

标签定义表格单元格。

在实际编码过程中，常常使用多个<table>标签嵌套来进行页面布局，效果等同于<div>结合 css 进行页面布局。与<div>标签相比，使用<table>标签进行页面布局的代码略显臃肿，代码观赏性相对较差。<table>标签的使用方法及展示效果如图 10-5 代码 3 和图 10-6 所示。代码 3 中使用了 table 标签的的 width、height 及 border 等样式属性，相比 CSS，这些属性不够灵活；例如边框属性 border 不能分别设置某一侧边框样式，而 CSS 则可以轻松做到，因此在实际代码编辑中建议使用 CSS 代码进行样式控制。

```
<html>
  <head>
    <title>table 标签的用法</title>
  </head>
  <body>
    <table width="100%" height="300px" border="1">
      <tr height="50px">
        <td>
          <table width="100%">
            <tr>
              <td align="center"  >上部</td>
            </tr>
          </table>
        </td>
      </tr>
      <tr height="200px">
        <td>
          <table height="200px" width="100%" border="1">
            <tr>
              <td width="20%" align="center"  >左部</td>
              <td width="80%" align="center"  >右部</td>
            </tr>
          </table>
        </td>
      </tr>
      <tr height="50px" border="1">
        <td>
          <table width="100%">
            <tr>
              <td align="center"  >下部</td>
            </tr>
          </table>
        </td>
      </tr>
    </table>
  </body>
</html>
```

图 10-5 代码 3 使用 table 标签进行页面布局

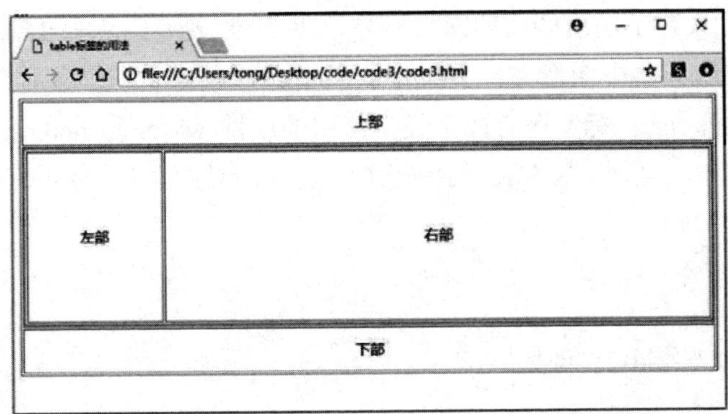

图 10-6 代码 3 的显示效果

c.段落标签<p>

<p>标签定义段落。p 元素会自动在其前后创建一些空白。浏览器会自动添加这些空间，也可以在样式表中规定。标签<p>的使用方法及显示效果如图 10-7 代码 4 和图 10-8 所示。

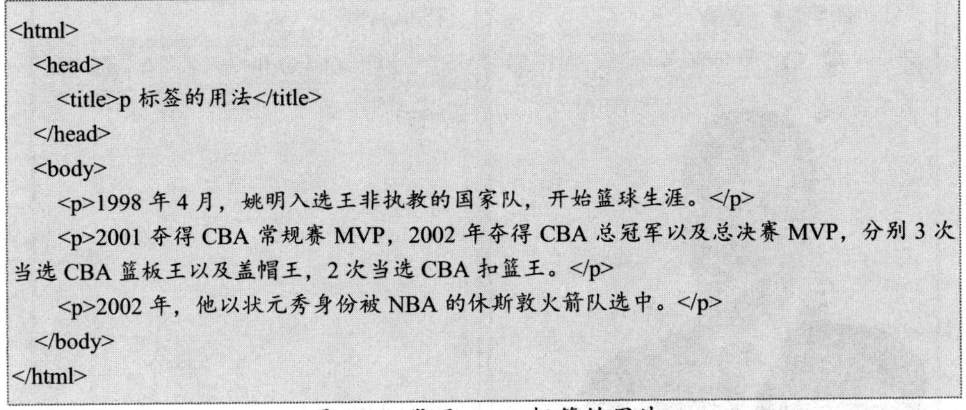

```
<html>
  <head>
    <title>p 标签的用法</title>
  </head>
  <body>
    <p>1998 年 4 月，姚明入选王非执教的国家队，开始篮球生涯。</p>
    <p>2001 夺得 CBA 常规赛 MVP，2002 年夺得 CBA 总冠军以及总决赛 MVP，分别 3 次
当选 CBA 篮板王以及盖帽王，2 次当选 CBA 扣篮王。</p>
    <p>2002 年，他以状元秀身份被 NBA 的休斯敦火箭队选中。</p>
  </body>
</html>
```

图 10-7 代码 4 <p>标签的用法

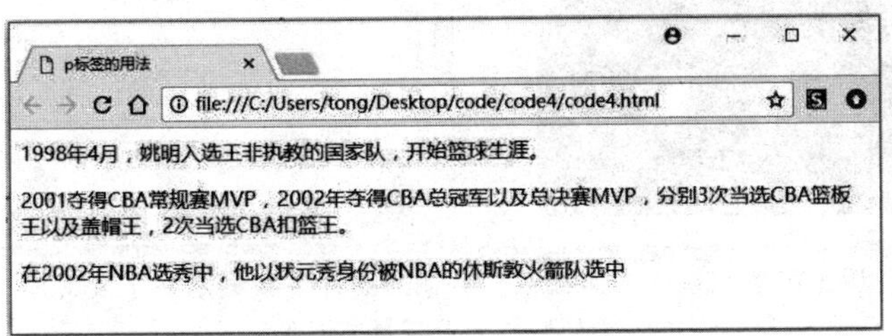

图 10-8 代码 4 的显示效果

d.图像标签<img>

<img>标签定义了一个图像引用，<img>标签有两个必需的属性：src 属性和 alt

属性，src 属性设置了所引图像的网络路径，alt 属性设置了图像的替代文本，当发生网络拥堵或服务器中图像文件丢失等原因引起的图像无法加载时，显示替换图像的文本。此外<img>标签还有两个经常使用的属性 width 与 height，分别用来定义图像的宽度和高度。标签<img>的使用方法及显示效果如图 10-9 代码 5 和图 10-10 所示。

```
<html>
  <head>
    <title>img 标签的用法</title>
  </head>
  <body>
    <img src="yaoming.jpg" alt="姚明" width="268px" height="376px"/>
  </body>
</html>
```

图 10-9 代码 5 img 标签的用法

图 10-10 代码 5 显示效果（右侧为图片替换文本显示效果）
（图片来自于百度百科）

e.标题标签<h1>-<h6>

<h1>-<h6>标签定义标题。<h1>定义的标题字体最大。<h6>定义的标题字体最

小。<h1>-<h6>标签虽然可以控制字体的大小，但是其拥有确切的语义。为了增加代码的可读性，实际开发中，只有在控制标题文本样式时使用它，对普通文本的样式控制需使用 CSS。使用方法及显示效果见图 10-11 代码 6 和图 10-12 所示。

```
<html>
  <head>
    <title>h1~h6 标签的用法</title>
  </head>
  <body>
    <h1>这是标题 1</h1>
    <h2>这是标题 2</h2>
    <h3>这是标题 3</h3>
    <h4>这是标题 4</h4>
    <h5>这是标题 5</h5>
    <h6>这是标题 6</h6>
  </body>
</html>
```

图 10-11 代码 6 <h1> - <h6>标签的用法

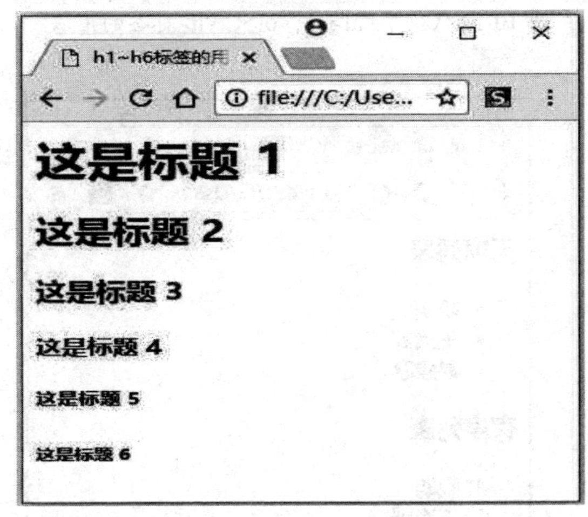

图 10-12 代码 6 的显示效果

f.列表标签<ul> 、<ol>、 <li>

<ul>与<ol>定义了列表，<ul>定义了无序列表，而<ol>定义了一个有序列表。标签<li>定义了列表的项目，该标签单独使用没有意义，必须结合列表标签<ul>或<ol>一起使用。使用方法和显示效果见图 10-13 代码 7 和图 10-15 所示。

```
<html>
  <head>
    <title>ul、ol、li 标签的用法</title>
  </head>
  <body>
    <h3>无序列表</h3>
    <ul>
      <li>姚明</li>
      <li>王治郅</li>
      <li>易建联</li>
    </ul>
    <h3>有序列表</h3>
    <ol>
      <li>姚明</li>
      <li>王治郅</li>
      <li>易建联</li>
    </ol>
  </body>
</html>
```

图 10-13 代码 7 <ul> 、<ol>、<li>标签的用法

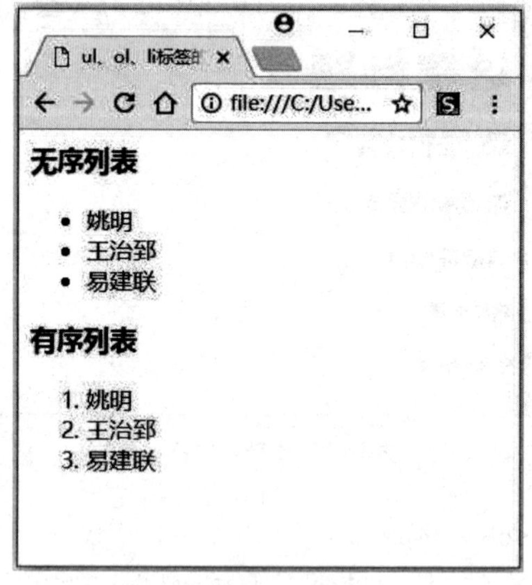

图 10-14 代码 7 的显示效果

g.超链接<a>

<a>标签定义超链接，用于从一个页面链接到另一个页面，<a>标签最重要的属性是 href 属性，指示链接的目标，目标可以是一个站点，一个页面，也可以是

一个锚点。使用方法和显示效果见图 10-15 代码 8 和图 10-16 所示。

```
<html>
  <head>
    <title>a 标签的用法</title>
  </head>
  <body>
    <a href="http://www.cba.gov.cn/">中国篮球协会官方网站</a>
  </body>
</html>
```

图 10-15 代码 8 <a>标签的用法

图 10-16 代码 8 的显示效果

h.视频标签<video>

视频标签<video>定义了一个视频，比如电影片段或其他视频流，该标签是 HTML5 新加入的标签，因此不支持 HTML5 的浏览器不支持该标签。<video>标签拥有一系列属性，用来控制视频插件的样式和播放规则，常用属性见表 10-1。该标签的使用方法和显示效果见图 10-17 代码 9 和图 10-18。

```
<html>
  <head>
    <title>video 标签的用法</title>
  </head>
  <body>
    <video src="movie.ogg" controls="controls">
    您的浏览器不支持 video 标签。
    </video>
  </body>
</html>
```

图 10-17 代码 9 <video>标签的用法

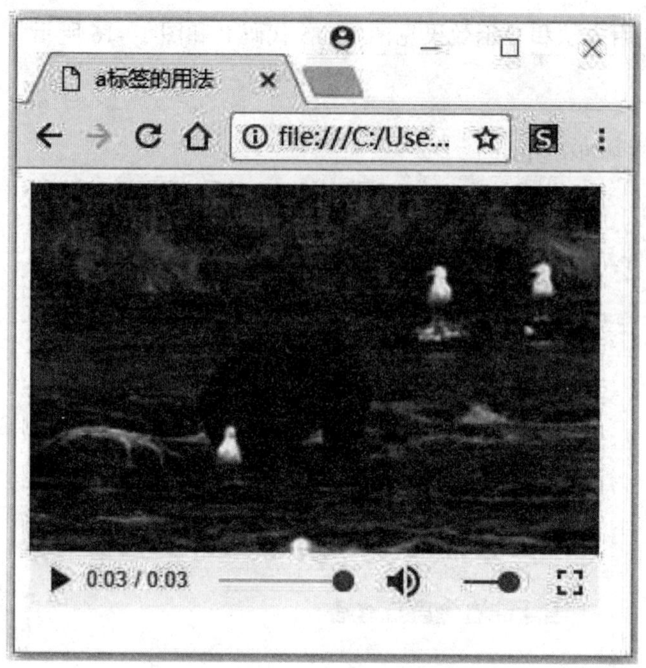

图 10-18 代码 9 的显示效果

表 10-1 视频标签<video>的常用标签

属性	值	描述
autoplay	autoplay	如果出现该属性，则视频在就绪后马上播放。
controls	controls	如果出现该属性，则向用户显示控件，比如播放按钮。
height	*pixels*	设置视频播放器的高度。
loop	loop	如果出现该属性，则当媒介文件完成播放后再次开始播放。
muted	muted	规定视频的音频输出应该被静音。
poster	*URL*	规定视频下载时显示的图像，或者在用户点击播放按钮前显示的图像。
preload	preload	如果出现该属性，则视频在页面加载时进行加载，并预备播放。如果使用 "autoplay"，则忽略该属性。
src	*url*	要播放的视频的 URL。
width	*pixels*	设置视频播放器的宽度

（2）CSS 简介

CSS(Cascade Style Sheet)，即层级样式表，定义如何显示 HTML 元素。HTML 可以说只是给网页填充了内容，CSS 则是对网页进行化妆、修饰，比如给文字设置字体、颜色、大小等。在 HTML 标签中也能够通过设置属性的方式为标签定义样式，如代码 2 中<table width="100%" height="300px" border="1">，但是 HTML 标签的属性类别较少也不够灵活，且样式内容和标签耦合在一起，代码的观赏性不强，因此在实际开发中推荐将样式内容与 HTML 标签内容分离。

根据样式表的引入方式，CSS 样式表分为内联样式、内部样式表和外部样式表三种。内联样式定义在 HTML 标签内部，使用 HTML 标签的通用属性 style 定义，如<div style="font-size:14px;"></div>；内部样式表是定义在 HTML 文档内部，使用 HTML 标签<style>定义，如图 10-19 所示，代码 1 中使用的 CSS 样式表即为内部样式表；外部样式表将 CSS 样式放在后缀名为.css 的文件中，并在 HTML 文档中使用<link>标签引入 CSS 样式文件如<link rel="stylesheet" type="text/css" href="style.css"/>。

内部样式表和外部样式表中的 CSS 的基本结构如下：

```
selector{
    attr1:value1;
    attr2:value2;
    attr3:value3;
    ......
    attrN:valueN;
}
```

图 10-19 内部样式

selector 为“选择器”，表示对哪个元素设置样式。selector 大括号内部设置具体的样式。设置样式的方法是通过多对 attr: value 组合而成，中间用分号“；”分隔。

常用的 CSS 选择器包含标签选择器、类选择器及 ID 选择器。标签选择器为标签名称作为选择器，如 div，p；使用标签选择器时即定义所有的同名称标签均具有所定义样式。类选择器是将 HTML 标签的通用属性 class 的值作为选择器，使用方式为 class 属性值前加字符“.”，如“.title”；使用类选择器时即所有具有该 class 属性值的 HTML 标签均具有所定义样式。ID 选择器与类选择器类似，是将 HTML 标签的通用属性 id 的值作为选择器，使用方式为 class 属性值前加字符“#”，如“#title”；由于 HTML 规范规定了每个标签的 id 属性必须唯一，因此 ID 选择器仅仅作用于一个 HTML 元素；此外根据 CSS 规范规定在一个 HTML 文档中，ID 选择器会使用一次，而且仅一次。

为了增加代码的可读性，CSS 样式表中可以使用/*　*/来定义注释，用来解释相关样式表。如图 10-20 所示，代码 10 分别定义了标签选择器、类选择器及 ID 选择器。

```
/*标签选择器，定义了 HTML 文档中的所有 div 的字体均显示为 14 号字体*/
div{font-size:14px;}
/*类选择器，定义了 HTML 文档中的所有 class 属性值为 title 的元素字体颜色均显示为红色*/
.title{color:red;}
/*ID 选择器，定义了 HTML 文档中的 id 属性值为 submit 的元素字体的颜色值为#000*/
#submit{color:#000;}
```

图 10-20 代码 10 标签选择器、类选择器及 ID 选择器实例

CSS 样式包含字体、文本、背景、链接、列表、表格、轮廓、边框、位置等类别样式，由于篇幅所限，此次不再一一介绍，请阅读参考书目[1]进行了解。

（三）Adobe Dreamweaver CC 简介

Adobe Dreamweaver 是由美国 Adobe Systems 公司开发的集网页制作和管理网站于一身的所见即所得网页编辑器，利用它可以轻而易举地制作出跨越平台限制和跨越浏览器限制的充满动感的网页。Adobe Dreamweaver 包含了 MAC 和 Windows 两个版本，本实验中使用最新发布的 Windows 版本 Adobe Dreamweaver CC 2018。

Adobe Dreamweaver CC 2018 的工作界面主要包含菜单栏、文档工具栏、文档选项卡、编辑工具栏、面板组等，如图 10-21 所示。菜单栏包含了 Dreamweaver 的主要功能菜单；文档工具栏包含了 Dreamweaver 的三个视图选项；文档选项卡展示了 Dreamweaver 打开的文档列表；编码工具栏包含了编写代码是常用的工具列表；面板组包含了 Dreamweaver 部分功能列表，方便网页的查看和修改。

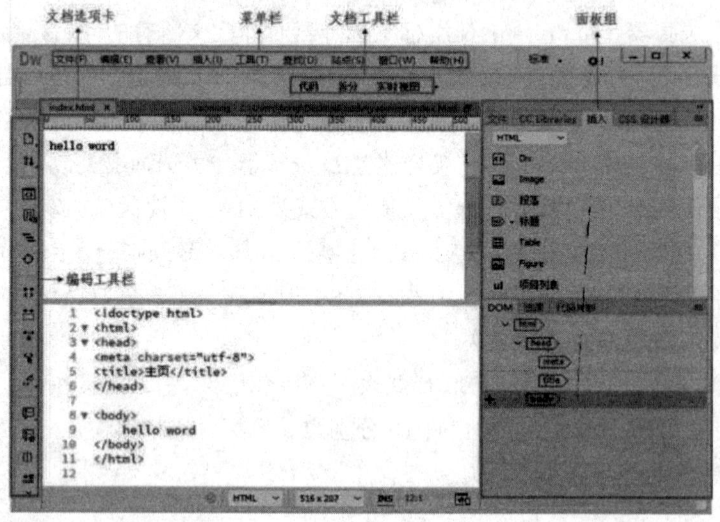

图 10-21 Adobe Dreamweaver CC 2018 界面

由于篇幅所限，Adobe Dreamweaver CC 2018 的各功能区的使用方法将此处不再详细展开介绍,如需了解请阅读参考书目[2]。

三、实验工具

Adobe Dreamwaver CC 2018、Tomcat 服务器软件

四、实验内容

案例：静态个人主页设计与制作

实验要求：本实验以模仿 word 文档样式制作一个篮球运动员姚明的个人简历网页为案例，学习如何使用 Adobe Dreamweaver CC 2018 制作静态页面。

1.**创建站点**。在 Dreamweaver 中，“站点”指属于某个网站的文档的本地或远程存储位置，包含了网站中所有文件和资源。利用 Dreamweaver 站点，可以将创建的网页上传到 Web 服务器、并可随时在保存文件后同步更新 Web 服务器中网页文档，方便对文件和资源的维护和管理。由于站点发布需要使用 Web 服务器，因此在创建站点前需要安装配置好 Web 服务器软件，本实验中使用了本地服务器软件 Tomcat。

在本地创建“yaoming”文件夹，该文件夹的路径需为“纯英文”路径，即该文件夹的父文件夹不能有中文名称。在“yaoming”文件夹下创建“images“文件夹。并在 Web 服务器软件 Tomcat 安装目录中的“webapps”目录下创建“yaoming”文件夹，并启动 Tomcat 软件。

2.**启动** Dreamweaver CC 2018。点击菜单栏中【站点】菜单，在下拉列表中选择【新建站点】选项，进入【站点设置对象】对话窗，输入站点名称“yaoming”，点击【本地站点文件夹】右侧文件夹图标，选择步骤 1 中创建的文件夹，如图 10-22 所示。

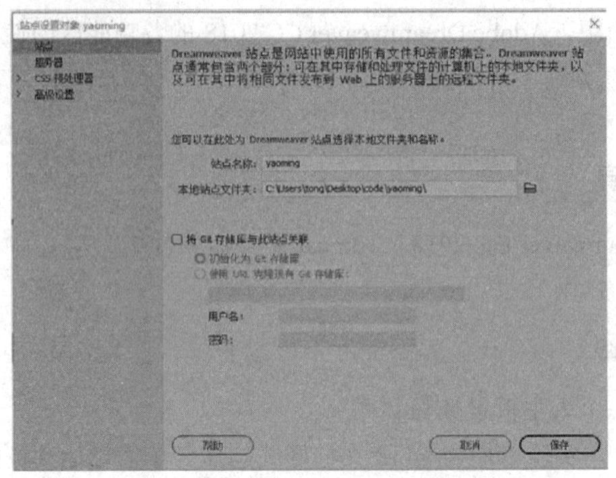

图 10-22 创建站点

3.**设置 Web 服务器**。点击【服务器】选项卡，点击服务器管理对话框中的【+】按钮，在添加服务器对话框中输入服务器名称，如“Tomcat”；在【连接方法】下拉列表中选择【本地/网络】选项，在服务器文件夹中选择在步骤 1 中创建的 Web 服务器软件 Tomcat 安装目录中“webapps”下的“yaoming”文件夹，并在【Web URL】输入框中输入 http://127.0.0.1:8080/yaoming/，如图 10-23 所示。最后点击“保存”按钮。

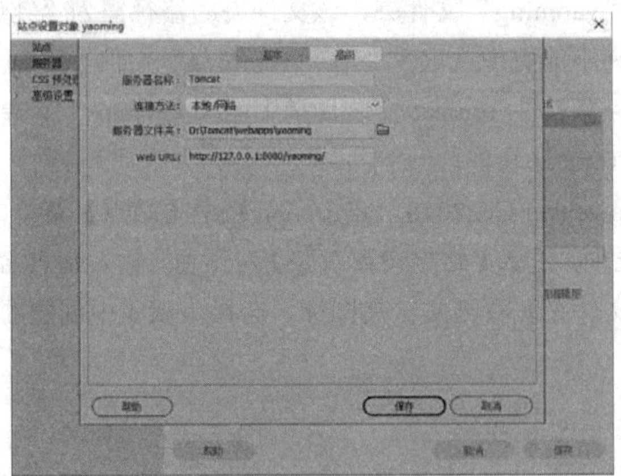

图 10-23 设置 Web 服务器

4.**创建图像文件夹**。点击【高级设置】选项卡左侧三角，选择【本地信息】，设置【默认图像文件夹】为步骤 1 中创建的“images”文件夹，如图 10-24 所示。

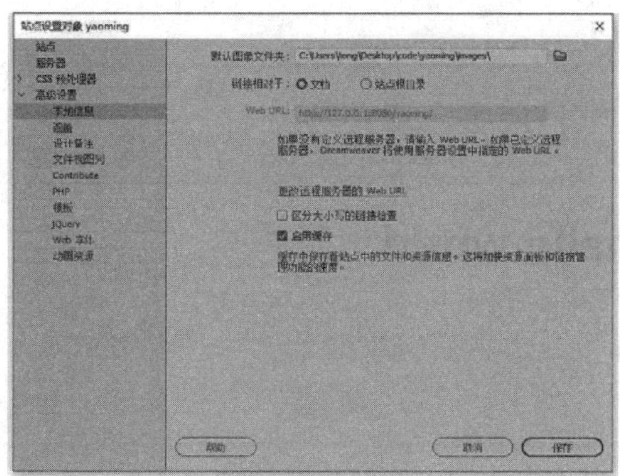

图 10-24 设置默认图像文件夹

5.**创建** HTML **文件**。在 Dreamweaver 主窗口右侧【文件】窗口中，右击站点文件树列表的根节点“站点-yaoming”，选择“新建文件”选项，在新建的 HTML 文件名称输入框中输入文件名称“index”，如图 10-25 所示。

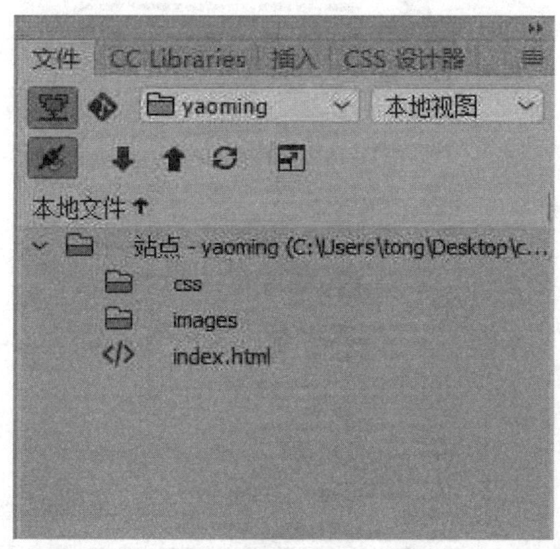

图 10-25 创建 HTML 文件

6.**站点预览**。双击 Dreamweaver 主窗口右侧【文件】窗口中站点树列表中步骤 5 创建的“index.html”文件，在 Dreamweaver 主窗口的代码编辑区代码的<body>下输入代码<h1>hello world</h1>，如图 10-26 所示，并点击 Dreamweaver 主窗口右侧【文件】窗口中的【上传整个站点】按钮。上传完毕之后，打开浏览器，打开“http://127.0.0.1:8080/yaoming/”网址，如浏览器中显示如图 10-26 所示，则表明站点配置正确。

图 10-26 站点预览

7.**页面布局**。本实验的任务为模仿 word 制作姚明个人简历网页，word 版本个人简历如图 10-27 所示。

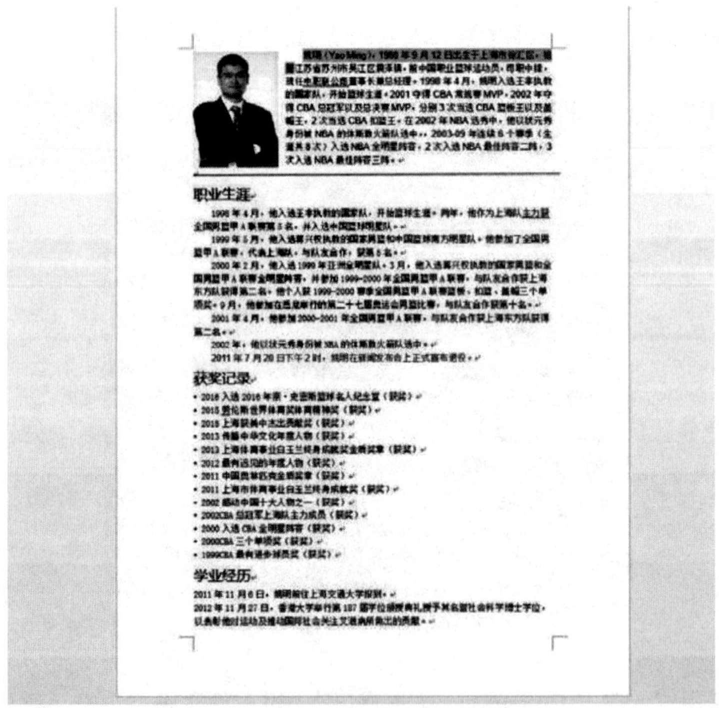

图 10-27 word 版本姚明个人简历

网页制作的第一步是编写页面布局代码，页面布局分为全局布局和局部布局。本实验案例的全局布局是仿 word 的空白页面，局部布局为朝空白页面中填充内容。如前所述，HTML 标签控制网页的结构，CSS 代码控制网页的样式，因此我们需先构造出空白页面的结构，再将空白页面的样式调整成仿 word 样式。本实验案例中的 css 样式表选择“内部样式表”的方式。

8.**插入** Div。将<title>标签内文本修改为“姚明的个人简历”，将鼠标光标移至代码编辑区<body>标签中，点击插入面板下<div>标签按钮，在“插入 Div”会话窗中输入标签<div>的 class 属性值，如“content”，如图 10-28 所示。然后点击“确定”按钮。

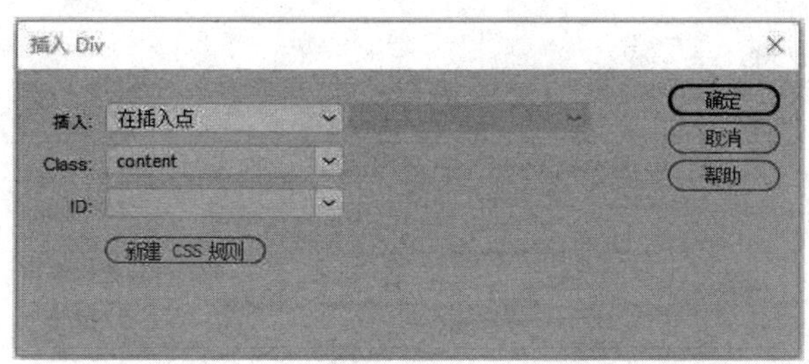

图 10-28 “插入 Div”会话框

9. **创建“内部样式表”及“选择器”**。如图 10-29 所示，点击【CSS 设计器】面板中【源】编辑区的【+】按钮，选择“在页面中定义”，在【选择器】编辑区分别新建“body”和“.content”选择器。

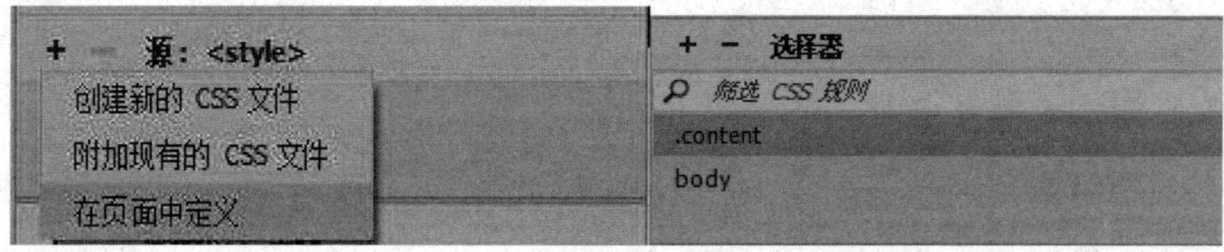

图 10-29 创建“内部样式表”及“选择器”

10.**全局样式设置**。通过分析 word 版本个人简历样式，空白区域长宽比约为 7:10 且居中显示，空白区域背景色为白色，颜色值为“#ffffff”，其他区域背景色值为“#F6F6F6”，空白区域有宽度约为1px的颜色值为“#C6C6C6”的实心边框，空白区域内容页上边距与左边距比约为 2:3。我们在【选择器】编辑区分别选中“body”和““.content””选择器，在属性编辑器中设置相应 CSS 样式。设置之后的 CSS 代码如图 10-30 代码 11 所示。显示效果图如图 10-31 所示。

```
.content {
    width: 700px;
    min-height: 1000px;
    background-color: #FFFFFF;
    margin: 0 auto;
    padding-top: 100px;
```

```
    padding-right: 150px;
    padding-left: 150px;
    padding-bottom: 150px;
    border: 1px solid #C6C6C6;
}
body {
    background-color: #F6F6F6;
    margin-top: 50px;
    margin-bottom: 50px;
}
```

图 10-30 代码 11 全局布局的 CSS 样式代码

图 10-31 全局布局的显示效果

11.**填写内容区域**。本实验中使用的姚明个人简历包含 4 部分内容区域，分别为个人简介、职业生涯、获奖记录及学业经历。个人简介部分左侧为姚明照片，右侧为简介文本；职业生涯部分由一个标题和若干段落组成；获奖记录包含一个标题和一个无序列表；学业经历和职业生涯类似，包含一个标题和若干段落。因此我们需在 class 属性为 content 的<div>标签中添加 4 个<div>子标签，分别用来存放上述四部分内容。其中存放个人简介的<div>标签中还需再添加两个<div>子标签，分别用来存放姚明照片和简介文本；存放职业生涯和学业经历的<div>标签中需添加一个<h3>标签和若干个<p>标签分别用来存放标题和段落内容；存放获奖记录的<div>标签中需添加一个<h3>标签存放标题和一个<ul>标签及 13 个<li>存放相应的无序列表。HTML 标签设置好之后，再使用 CSS 设置各个标签的样式。

将光标移至 class 属性为 content 的<div>标签中，分别创建 4 个<div>子标签，分别设置子标签的 class 属性为“abstract”、“career”、“winning”及“learning”；在 class 属性值为“abstract”的<div>后添加一个水平线标签<hr>。添加方法类似页面布局设置中的步骤 1，此处不再赘述。

12.**创建 HTML 标签**。在 class 属性值为 abstract 的<div>标签中添加两个<div>子标签，class 属性分别为“photo”和“introduce”，在 class 属性值为“photo”的 div 标签下添加<img>标签，选择图片路径为收集好的姚明照片素材所在相对站点文件夹的相对路径；在 class 属性值为 career 的<div>标签中添加一个<h3>标签和 6 个<p>标签；在 class 属性值为 winning 的<div>标签中添加一个<h3>标签和 1 个<ul>标签，在<ul>标签下再创建 13 个<li>标签；在 class 属性值为 learning 的<div>标签中添加一个<h3>标签和 2 个<p>标签；然后将 word 文档中的文本复制到相应的标签内。此时 class 属性值为 content 的<div>标签及其子标签的 HTML 代码片段如图 10-31 代码 12 所示。

```
<div class="content">
  <div class="abstract">
    <div class="photo">
    <img src="images/yaoming.jpg" width="131" height="183" alt="姚明"/>
    </div>
    <div class="introduce">
    <p>
    姚明（Yao Ming），1980 年 9 月 12 日出生于上海市徐汇区，祖籍江苏省苏州市吴江区震泽镇，前中国职业篮球运动员，司职中锋，现任中职联公司董事长兼总经理。1998 年 4 月，姚明入选王非执教的国家队，开始篮球生涯。2001 夺得 CBA 常规赛 MVP，2002 年夺得 CBA 总冠军以及总决赛 MVP，分别 3 次当选 CBA 篮板王以及盖帽王，2 次当选 CBA 扣篮王。在 2002 年 NBA 选秀中，他以状元秀身份被 NBA 的休斯敦火箭队选中，，2003-09 年连续 6 个赛季（生涯共 8 次）入选 NBA 全明星阵容，2 次入选 NBA 最佳阵容二阵，3 次入选 NBA 最佳阵容三阵。
    </p>
    </div>
  </div>
  <hr>
  <div class="career">
    <h3>职业生涯</h3>
    <p>1998 年 4 月，他入选王非执教的国家队，开始篮球生涯。同年，他作为上海队主力获全国男篮甲 A 联赛第 5 名，并入选中国篮球明星队。</p>
```

```
    <p>1999 年 5 月，他入选蒋兴权执教的国家男篮和中国篮球南方明星队。他参加了全国男篮甲 A 联赛，代表上海队，与队友合作，获第 5 名。</p>
    <p>2000 年 2 月，他入选 1999 年亚洲全明星队。3 月，他入选蒋兴权执教的国家男篮和全国男篮甲 A 联赛全明星阵容，并参加 1999-2000 年全国男篮甲 A 联赛，与队友合作获上海东方队获得第二名。他个人获 1999-2000 赛季全国男篮甲 A 联赛篮板、扣篮、盖帽三个单项奖。9 月，他参加在悉尼举行的第二十七届奥运会男篮比赛，与队友合作获第十名。</p>
    <p>2001 年 4 月，他参加 2000-2001 年全国男篮甲 A 联赛，与队友合作获上海东方队获得第二名。</p>
    <p>2002 年，他以状元秀身份被 NBA 的休斯敦火箭队选中。</p>
    <p>2011 年 7 月 20 日下午 2 时，姚明在新闻发布会上正式宣布退役。</p>
  </div>
  <div class="winning">
    <h3>获奖记录</h3>
    <ul>
      <li>2016 入选 2016 年奈•史密斯篮球名人纪念堂（获奖）</li>
      <li>2015 劳伦斯世界体育奖体育精神奖（获奖）</li>
      <li>2015 上海获美中杰出贡献奖（获奖）</li>
      <li>2013 传播中华文化年度人物（获奖）</li>
      <li>2013 上海体育事业白玉兰终身成就奖金质奖章（获奖）</li>
      <li>2012 最有远见的年度人物（获奖）</li>
      <li>2011 中国奥林匹克金质奖章（获奖）</li>
      <li>2011 上海市体育事业白玉兰终身成就奖（获奖）</li>
      <li>2002 感动中国十大人物之一（获奖）</li>
      <li>2002CBA 总冠军上海队主力成员（获奖）</li>
      <li>2000 入选 CBA 全明星阵容（获奖）</li>
      <li>2000CBA 三个单项奖（获奖）</li>
      <li>1999CBA 最有进步球员奖（获奖）</li>
    </ul>
  </div>
  <div class="learning">
    <h3>学业经历</h3>
    <p>2011 年 11 月 6 日，姚明前往上海交通大学报到。</p>
    <p>2012 年 11 月 27 日，香港大学举行第 187 届学位颁授典礼授予其名誉社会科学博士学位，以表彰他对运动及推动国际社会关注艾滋病所做出的贡献。</p>
  </div>
</div>
```

图 10-32 代码 12 个人简历网页的 HTML 标签代码

13.**局部样式设置**。首先为 p 标签设置字体大小为 18 号字体，即 font-size:18px，外边距 margin-top 与 margin-bottom 为 5px，text-indent 为 2em（首行缩进 2 个字符）；为<ul>标签设置内边距 padding-left 的值为 17px；为 class 属性值为“abstract”的<div>标签设置 height 值为“190px”（因为姚明照片素材的高度为 180px，此处

高度 190px 是为了使得图片下方保留 10px 的空白区域。)；为 class 属性值为“photo”的<div>标签设置“左浮动”，即 float 值为“left”，且为其设置右内边距 padding-right 为 10px，使得图片右侧有 10px 空间的空白区域；为 class 属性值为“photo”的<div>标签下的 p 标签设置 line-height 的值为 20px，使得个人介绍文本的高度与图片高度大体一致。此时 HTML 文档的 CSS 代码如图 10-33 代码 13 所示。此时页面显示效果如图 10-34 所示。

```
body {
    background-color: #F6F6F6;
    margin-top: 50px;
    margin-bottom: 50px;
}
.content {
    width: 630px;
    min-height: 1000px;
    background-color: #FFFFFF;
    margin: 0 auto;
    padding: 80px 110px;
    border: 1px solid #C6C6C6;
}
p {
    font-size: 17px;
    text-indent: 2em;
    margin-top: 5px;
    margin-bottom: 5px;
}
.photo {
    float: left;
    width: 140px;
}
.introduce p    {
    line-height: 20px;
}
.abstract {
    height: 190px;
    padding-left: 10px;
}
.winning ul {
    left: 0px;
    padding-left: 17px;
}
```

图 10-33 代码 12 个人简历网页的 CSS 样式代码

图 10-34 姚明个人简历网页的显示效果

15.**网页发布**。网页制作完成之后，只有将站点内所有资源上传至 Web 服务器才有意义，因此本实验最后需把制作好的姚明个人简历站点发布至 Web 服务器。Dreamweaver 软件发布站点非常方便，点击主窗口右侧【文件】面板中的【上传】按钮上传，站点即发布成功。由于本实验采用本地 Web 服务器，因此外网并不能访问发布成功的站点。一个站点只有发布至配置好域名的外网 Web 服务器，互联网用户才能够通过域名访问到站点。

五、实验总结

网页设计与制作是一门实训类课程，只有多动手操作才能够真正掌握 HTML 规范和 CSS 样式配置技巧。

动手编写代码之前，一定要先规划好网站主题，做好设计，收集好所需的各类素材。只有这样，在编写代码时才能高效率，不至于手忙脚乱。

一个好的网页，不仅要求代码简洁易读，而且要求精美的界面及友好的用户体验。因此需要平时多动手，多总结，多借鉴优秀的网页作品，只有这样才能设计并制作出优秀的网页。

六、扩展实验

实验 1：动态轮播图片：使用 CSS 样式表和 Javascript 脚本语言操作图片列表元素，使图片以固定时间间隔显示。

实验 2：创建博客站点：使用 WordPress 平台创建一个属于自己的博客站点，要求站点内容从平台数据库读取。

七、参考书目

卡斯特罗,希斯洛普. HTML5 与 CSS3 基础教程[M].望以文,译.北京:人民邮电出版社,2014.

Adobe 公司,陈宗斌. Adobe Dreamweaver CC 经典教程[M].北京:人民邮电出版社,2014

实验十一　新媒体产品创作
——以 H5 制作为例

一、实验目的

在移动互联网时代，手机已逐渐成为人们获取新闻信息的一种主要阅读终端，继报纸、广播、电视和网络之后成为新兴媒体，各类面向手机客户端的新媒体产品更是曾出不穷。本实验以 H5 制作为例，使学生了解 H5 的制作流程、技术操作，思考在新媒体时代如何针对用户的需求进行产品的创意设计与制作。

二、基础知识

如何才能制作一个有创意、有特色的 H5，如何才能在众多的 H5 作品中脱颖而出，一鸣惊人。接下来让我们详细了解一个 H5 的制作流程究竟是什么样子的。

（一）了解需求

每一个 H5 的设计都有具体的目的，最简单的可以理解为这个 H5 制作是用来干什么的，例如新产品的发布、活动的推广、传播品牌形象等，都是我们常见的设计目的。有了设计的目的，就有了明确的方向，而这也是开始 H5 设计最重要的一步。目的性模糊的 H5 往往会在启动时就很盲目，而随着设计制作的进一步加深，出现的问题会越来越多，最终很难呈现出一个成熟的作品。

（二）确定基调

所谓定基调，就是确定 H5 的表现形式。现如今 H5 的表现方式非常多，是要讲故事还是卖情怀？是要突出功能性，还是着重陈述内容？是制作一个小游戏，还是用炫酷的特效来打动用户？这都是我们在制作 H5 之前需要认真思考的问题。但是无论选择何种表现形式，一定都要最能够发挥其内容特征和自身优势，也就是用最合适的形式来展现最合适的内容。

（三）编排内容

定了基调，接下来要进行的就是“编故事”，完成内容的编排。无论是何种形式的传播，内容都是非常重要的。好的内容才是传播的核心。近年来，能够引起大范围传播的H5都是非常具有创意的，不管时形式上，还是风格上的都是值得我们学习和思考。例如，网易出品的《这是成年人不敢打开的童年》等。

（四）技术操作

1．有代码实现

所谓的有代码实现是指将所有制作H5的素材——包含“.*psd”文件、“.*png”切图、矢量文件、音频、视频文件等，一起打包给前端工程师，他会将这些内容放置到服务器，用代码编辑的方式将元素合并成我们平时看到的H5网页。所以前端工程师是H5的最终执行者，他们对设计效果的还原至关重要，一个好的前端往往决定了一个作品的最终命运。前端工程师可以说是设计师最好的行业导师。而整个H5网页在代码编辑完成和测试无误后，最终上线推送到互联网。

2．无代码实现

虽然能够用写代码来完成H5的制作，但是并非人人都是程序员，对于不会写代码的大部分人来说，难道就不能制作H5了吗？当然不是，目前互联网上就已经出现了大量的H5页面生成工具，它们多以网站的形式出现，通常被称为第三方平台，例如易企秀、MAKA、图展、iH5.cn等。这些网站专门为没有前端资源而又需要制作H5的人提供帮助。可以把设计好的素材上传第三方平台的服务器，自己编辑并发布，这个过程不需要和程序员打交道，可以节省人力成本，并且更为简单快捷，成为了众多新媒体编辑的“利器”。

（五）注重细节

选好音乐，对于做H5的人来说，有着三个关于音乐的禁忌：一是H5打开之后一点声音都没有；二是只挑选制作者“自己爱到不行的歌”；三是无视目标受众的感受。《微交互》一书中曾提到，“人类对于听觉的反应要快过对视觉的反应。听觉刺激只需要8～10秒即可传达到大脑，而视觉刺激则需要20～40秒”。当我们费尽心思在创意、设计上下功夫的时候，往往会忽视听觉的重要性，在制作H5时，要学会运用好音乐的辅助效果。

做好用户体验，减少视觉混乱，H5说到底还是属于一种效果展示，用户的注意力无疑是一种非常宝贵的资源，而设计也应该合理地分配这一资源。如果你的H5界面承载了诸如按钮、图片、文本、各类交互等诸多杂乱的信息，势必导致信息过载。

文本内容要足够清晰，现如今的H5都是基于手机屏幕来进行设计的。相比于台式电脑，智能手机的屏幕要相对小的多，这就意味着我们必须思考如何把大量的信息装到这个小屏中。针对移动端的一条经验法则：文本大小不应该小于 11pt，让用户在不用放大图片的情况下也能够清晰的浏览页面上的文字。除此之外，我们还可以通过增加行高或字符间距来提高适度性，或者通过合适的留白来让界面变得简洁。

三、实验工具

ih5 在线制作工具 http://www.ih5.cn

四、实验内容

案例：ih5 全景图制作

实验要求：利用 http://www.ih5.cn 制作广州地铁全景图

1.**素材准备**。在开始制作广州地铁路线全景图前，我们需要准备一张广州漫画全景图以及一个完整的广州地铁线路图（两张图片的尺寸要完全相同），另外一些辅助素材，并将其全部放在一个文件夹中，以便后期编辑。

2.**图片调整**。利用 Adobe PhotoShop 的切片工具对图片进行裁切。在 Photoshop 界面中选择【切片工具】。

3.**图片裁切**。紧接着选择切片范围，点击鼠标右键，选择【切片划分】，勾选【垂直化分】，把图片裁剪为“30”个横向切片。

4.**网络格式存储**。点击【文件】—【储存为 Web 所用格式】。

5.**GIF 格式保存**。在弹出的【存储为 web 所用格式】窗口选择“GIF”格式并保存。

6.**注册账号**。访问链接 http://www.ih5.cn，注册账号登录。点击右上角【创建作品】，进入工作界面，开始 H5 制作。

7.**制作全景背景**。在工作界面中点击左侧工具栏【全景控件】按钮。

在属性栏中，设置全景容器大小，这里我们设置为 640*1040，一般手机屏幕的尺寸。在左侧工具栏中添加【全景背景组】。

8.**导入图片**。将全景图的所有切片图像拖入到【白色工作台】中，图片都会自动导入到【全景背景组 1】，导入过程中，图片会自动完成拼接。

按同样的方法把“地铁线路”导入。为了丰富 H5 的内容，我们也将“素材 1”、“素材 2”分别导入【全景容器 1】。

在【图片属性】中，调整图片的水平位置、垂直位置、放缩比例以及对中心距离进行调整。这里需注意的是，中心距离，中心距离数值越小，离人眼的距离越近，反之越远。

9.**添加事件**。在页面右侧找到【事件】按钮，选中图片“素材 1”，然后点击【事件】，将“素材 2”左边的“小眼睛”点击关闭。

在页面左侧的【事件属性】栏中，在【触发条件】下选择【点击】。

在【目标对象】栏中，选择“素材 1”示。

在右侧【目标动作】下拉栏中，选择【设置属性】。

在【图片类型】选择“普通”，在【是否可见】右拉选择“可见”，在【资源 URL】选择“素材 2”，同时在右侧下拉栏选择“可见”。

10.**添加音乐**。完成后，回到【舞台】，点击页面左侧的【音乐】按钮，添加音乐，即可完成所有编辑。

11.**预览发布**。点击【预览】按钮，即可通过电脑或手机预览 H5 效果，进行相应细节调整。当所有内容调整完毕后，点击【发布】按钮，完成 H5 制作。

五、实验总结

在 H5 制作过程中要注意以下问题：

字体选择：对于很多刚开始接触 H5 设计的同学，我们建议先采用编辑工具中默认的字体进行编辑，待对操作工具、页面都熟练后，再进行字体的替换，这样能够大大减少磨合的时间。另外，同种类别下尽量采用一样的字体与字号，避免产生阅读障碍。

排版选择：在有限的手机屏幕空间内，经验告诉我们排版最好的效果就是简单集中，最好有一个核心元素，中心元素不宜过多，以突出重点为宜。

动效设计：H5 中有许许多多的动画效果，例如位移、旋转、缩放、淡入淡出、粒子效果等，在我们考虑使用动画效果时，要尽量避免全屏动画，优先考虑局部动画的方式。对于整个背景的动画效果，尽量采用缓慢的动画效果。另外，复杂多变的动效不一定是好的，要对画面美感、加载速度、用户体验等进行多重考虑。

音效设计：考虑到用户使用场景的多样性，介绍类的 H5 如果要加背景音乐，尽量不要亢奋激昂，有一点循序渐进最好，给用户一个缓冲的时间。特别是对于游戏 H5 页面的设计，音乐可以不用考虑设计关闭开启按钮，因为用户对接下来发生的事是有预知的。

交互设计：在 H5 设计中，交互设计也有很多类型，其中最为简单的就是翻页，这种方式制作起来相对简单，多用于展示一些新的功能或者活动介绍等。除此之外，还有输入文字、擦除屏幕、滑动屏幕、小游戏等等。在交互设计的选择上，要尽量选择与你的产品相符合的内容，如果单纯是一个活动介绍，那么设置太多的游戏，反而会让受众产生厌烦的情绪。

六、扩展实验

实验 1：会议通知 H5 制作：结合 H5 制作的基本知识，以学科领域的最近召开的会议为题，制作会议通知 H5，要有会议内容、地图、交互等设计。

实验 2：个人简历 H5 制作：制作个人的 H5 简历，并向其他同学展示。

七、参考书目

塞弗.微交互:细节设计成就卓越产品[M].李松峰,译.北京:人民邮电出版社, 2013.

实验十二　创意写作

一、实验目的

创意写作（Creative writing）是一个外来词，又译作创造性写作，是一切创造性写作的统称。旨在强调从实践中学习，打破了“作家天生”的成见，通过让学生参与，激发他们的热情和好奇心，发掘创造力。另一方面，强调给学生提供充分的自我表达机会，这恰是创意写作教学的一个核心。写作成为一种发掘自我、表达自我、认识自我的过程。

要写好一篇文章，首先要写好一句话，要写好一句话则要先写好一个短语，一个词，一个字。本节实验目的在于“打磨语词”，引导学生发挥想象力和创造力进行创作的同时，指导学生学会“推敲”　“打磨”自己的文字，让其文字更具美感与弹性，进而建立起写作的兴趣与自信。

二、基础知识

（一）创意学科的培养方式

在国外，创意写作归入美学这一学科门类之下，与绘画、雕塑、电影导演等同属一个学科门类。作为一个学科，创意写作的直接目标是让那些对写作有热情、有兴趣的人，具备创作的能力，让他们能够创造出具有一定艺术水准的原创性作品，它的最终目标是培养“作家”。

虚构类创意写作可以分为诗歌、散文、小说、剧本等方向。

非虚类创意写作可以分为游记、回忆录、报告文学、传记等方向，它还包括文学评论、艺术评论、新闻等。

（二）创意写作的诞生与发展

创意写作诞生于美国，1936年在爱荷华大学“创意写作系统”（creative writing program）计划启动，爱荷华大学文学院开始提供写作方面的固定课程，由驻校作家和访问作家为学生提供写作指导，提供创意写作方向的艺术硕士学位。

2009 年复旦大学中文系开设了全国首个“创意写作专业硕士学位点”，作家王安忆领衔授课。2010 年中国人民大学成立了“国际写作中心”，以促进中国文学的发展以及国内外文学交流和对话，与此同时，中国人民大学建立驻校作家、驻校诗人制度，邀请国内外著名作家、诗人来到大学讲堂进行讲学、交流、从事写作项目，人大文学院开设了“创造性写作”课程，招收“创造性写作”研究生，2011 年上海大学文学院成立了“文学与创意写作研究中心”，该中心的战略是通过引进欧美现代创意写作学科的机制，改造中国传统写作学，它的目标在于培养具有现代意识的专业创作人才及具有原创写作能力的创意产业人才。上海大学从 2012 年开始，在文学院文艺学专业内招收创意写作专业硕士。2015 年，同济大学中文系结合自身专业优势，首次推出艺术硕士专业学位（Master of Fine Arts，即 MFA），招收“创意写作”方向的硕士研究生。

（三）创意是什么？

从狭义的角度看，创意是一种心理活动。广义的创意，还包括创意活动的外化，如创意文化、创意体育、创意游戏、创意娱乐、创意管理等。

创意是什么？创意是传统的叛逆；是打破常规的哲学；是大智大勇的同义；是导引递进升华的圣圈；是一种智能拓展；是一种文化底蕴；是一种闪光的震撼；是破旧立新的创造与毁灭的循环；是宏观微照的定势，是点题造势的把握；是跳出庐山之外的思路，超越自我，超越常规的导引；是智能产业神奇组合的经济魔方；是思想库、智囊团的能量释放；是深度情感与理性的思考与实践；是思维碰撞、智慧对接；是创造性的系统工程；是投资未来、创造未来的过程。

简而言之，创意就是具有新颖性和创造性的想法。

（四）创意写作的本质

由生活观察、审美活动、文化积累、思维训练、实践活动等几个方面提供源源不断的创意，并进行有规律的、技巧的组织结构，建构一个创意文本。

（五）创意写作需要的能力

敏锐力：敏锐地观察事物，具有发现缺漏、需求、不寻常以及未完成部分的能力。

流畅力：即思索许多可能的构想和回答。

变通力：不同分类、不同方式的思维，或从不同的角度看问题。

独创力：想出别人想不出的观念，具有独特性。

精进力：在原有的构想或者基本观念上再加上新的观念，增加有趣的情节等。

（六）创意的动力与源泉

从生活观察、思考、提炼；生活发现训练；记忆组合训练；问题思考训练等。

（七）创意写作教学

国外开办创意写作课程的大学，多数培养本科生和硕士生。本科学制多为三到四年，硕士一般为二到三年。无论是本科还是硕士，毕业时都不需要递交毕业论文，取而代之的是一部作品：小说（故事）、诗歌、剧本、非虚构作品，甚至是一个创意设计，只要导师认可，就可以获得顺利毕业，获得学位。

这些大学的上课方式都比较灵活。他们没有采取中国国内通行的授课制，即老师讲课，学生听讲，而是采用工作坊（workshop）和研讨会（seminar）两种形式。一般以工作坊形式居多。

1.工作坊

工作坊（Workshop）这种组织形式最初来自美国爱荷华大学，已有一百多年的历史。不同于一般大学课程由学识渊博的教授向学生传授知识和思维方法，它一般由一名在某个领域富有经验的主讲人为核心，配备一到二名助教，以 10-20 名左右的学生，组织成一个单位，在主讲人的指导之下，通过游戏、讨论、短讲等多种活动方式，共同探讨某个话题，展开创意和写作。

这 10-20 名学生，6-8 人为一个小组，根据兴趣、工作任务或者文体文类，被划分到更小的二级工作坊，如小说工作坊、诗歌工作坊、戏剧工作坊、非虚构工作坊等。如果工作坊人数多，则划分更多的小组。

在美国，多数创意写作班上的工作坊，一般由 6 人左右组成。这 6 个人组成一个 Workshop，配备一名老师和一名助理，这名老师是这个工作坊的总负责人。大致步骤为：老师组织学生围绕一个话题展开研讨；学生根据前期研讨进行写作；学生作品分享；师生共同点评，完善作品。既尊重学生的写作创意和个性，又尊重创意写作规律，这样的写作，既可以教学，又可以讨论。

工作坊形式比较灵活，亦没有严格的时空限制。学生们既可以在教室学习，也可以到田野采风、实地观察、户外互动。师生之间、学生之间交流密切，通过网上群组讨论、网页、论坛、博客、纸面或电子刊物，随时随地进行沟通、分享。

课堂教学多数会围绕教学计划展开，也有例外。部分老师喜欢按照由浅入深，由建立信心、激发灵感，到字词句打磨，再到篇章结构搭建的顺序，循序渐进推进教学；亦有部分老师设置多个项目（program）或活动（action），带动学生参与，从小作品创作进阶到大作品创作。

总之，工作坊这种形式，利于学生创意写作经验、技巧和情感的形成。它打破了传统的授课制，将学生真正作为中心。老师承担的更多是一名服务者和协调者的角色。实践证明，这是一种行之有效的工作、教学与学习单位。

2.研讨会

在国外，研讨会（Seminar）是为创意写作活动中展开某一专题而特别组织的，旨在引起更大范围讨论、研究、交流的会议，是创意写作课程又一重要组织形式。与工作坊（workshop）相比，其规模更大，主题更集中，形式更正规，学术色彩也更浓厚。

Seminar 的参加人数最多可达 200 人，一般控制在 20-50 人左右，少于 50 人的研讨会往往采用圆桌会议形式，参加者主要有相关专家、作家、行业人士、工作坊学员。

Seminar 的主题，是就某个具体问题展开讨论，比如围绕一部有争议的诗集，或者一个写作技巧，参与者可以从各个角度发表意见，展开交流。研讨会应该尽量鼓励和满足不同观点、意见的参与者演讲发言，每个人发言的时间为 10-15 分钟左右。讨论若未完成，往往会安排两场甚至更多场会议。

Seminar 一般由主持人、与会人员和工作人员组成。主持人负责会议组织、会议进程、提出问题、话题衔接转换、安排发言等。与会人员主要由邀请的专家、工作坊成员组成，一般有旁听人员参加。工作人员负责场地安排、会务服务、活动宣传、采访报道、会议材料整理等工作。

Seminar 是创意写作课程的一个重要环节。它提供了一个高端、前沿的学习机会，学生可以与相关专家展开面对面的讨论，借此机会认识业内人士。如果说工作坊能够促进具体的创意写作，那么 Seminar 则有助于提高他们的理论水平和拓展其视野。

除了工作坊和 Seminar，国外创意写作课程有时候还会把课堂放在书店、新书发布会、作家的书房等。此外，创意写作课程还经常安排读书会、电影派对、诗歌朗诵会、剧场体验周等。

三、实验工具

办公软件、图文处理软件。

四、实验内容

案例一：“图片配诗文”创意写作

实验要求：每位同学选出一幅最满意的摄影作品，交由小组讨论，小组讨论后选出最喜欢的一张照片作为其他小组的命题照片。每位同学为命题照片拟一个标题（标题可以是一个字可以是一个词可以是一句话等），配一首诗歌（字数不限），完成之后，小组讨论，选出本组同学最喜欢的一个标题和一首诗歌。

每组选一名代表上台，汇报本组命题照片及相应的标题和诗文（每幅作品 5 分钟），其他小组同学点评该组的照片和文字（也可提出问题，由汇报小组成员作出解答（组内任何一个成员均可作答），命题照片的作者“现身说法”讲述作品“背后的故事”。

上图为学生小组命题照片。

小组内同学为该照片配诗文一篇。下文为组员共同推选出来的作品《网》。

网

我杀了人
路灯知道我的秘密
否则，灯光何以透出鲜血的味道

我不理会它的冷笑
攥紧了手里的刀刃
扑进黑暗深处
让夜色镇定我的神经
夜里太冷了
风从后面大踏步追上来
拍拍我的肩膀告诉我
你跑不掉了

巷子两旁的楼道里闪烁着黯淡的眼光
我捂着脸快步通过
不敢抬头
我害怕路灯和天空会记住我的相貌
我知道
上帝是有仇必报的

我跑不掉了
血色的灯光越来越浓
每一盏都压在我的肩上
我被压得喘不过气
手里的刀落在了地上
血珠从灰尘里逃走

我低下头去捡它
颤抖中
我才看到
原来地上早已经布满了罗网
我一直在网里逃跑
生命已经比生活更小
生活且困在网里
我拿走了生命
我跌在了网中

作者：蓝剑锋，重庆大学新闻学院2017级学生

点评：上述作品是一首较为优秀的叙事诗歌。开篇抓人，为读者开启了一个“悬疑”故事。叙述者“我”为第一人称叙事，快速拉近与读者的距离。

该篇文字的标题“网”包含了三个层次。一个是图片中形似“网”的地面图案；一个是杀人者“我”害怕落入的“罗网”；一个是包围着世间人、事、物的无所不在的“网”。三个层次的网，由具体到抽象，由浅入深，明线是“杀人者”对“罗网”的逃离，暗线是写作者“我”对生活之网、生命之网、形而上之网的逃离，明暗两条线索交叉行进，结构全文。

可以从“完成度”和“难度”两个维度评价一篇作品。上述文字在这两个维度都有不俗表现。

简言之，这是一篇优秀的创意写作作品。

案例二：“图片配短文”创意写作

实验要求：每位同学选出一幅最满意的摄影作品，交由小组讨论，小组讨论后选出最喜欢的一张照片作为其他小组的命题照片。每位同学为命题照片拟一个标题（标题可以是一个字可以是一个词可以是一句话等），配一篇短文（字数不限），完成之后，小组讨论，选出本组同学最喜欢的一个标题和一篇短文。

每组选一名代表上台，汇报本组命题照片及相应的标题和短文（每幅作品5分钟），其他小组同学点评该组的照片和文字（也可提出问题，由汇报小组成员作出解答（组内任何一个成员均可作答）,命题照片的作者“现身说法”讲述作品“背后的故事”。

上图为学生小组所选作品。

小组内同学为该照片配短文一篇。下文为组员共同推选出来的作品《信者的自救》。

信者的自救

那路标横亘在了我的面前，在我欲求死的第一天。

我从下午出发，沿着行纪了数余年的林中小路往西边走去，在林子的尽头，有一泊湖水，正值秋天湖水倒汐的时节，湖水一定会在我沉下去的时刻，肆意地把碧绿的水往我的躯壳里面灌，冰冷的秋水会冻滞我的肌肉，或者会更加压抑我对于生的渴求——即使我想挣脱，也浮不起来，这样我会死得很快。我的身边会充盈着浮藻和水草，它们把我拖起来，不至于沉没得太快。在星空倒影的映照下，会有一大群的鱼惊动地游开，又迅速地聚拢，容不得几秒种后，大的小的群落会把我分食，也许先是我的左半边脸，然后是眼窝，我可能变得面目全非——想到这，我有一点退却，我的懦弱再次雀跃起来，我还是往西边走去。

星星出来了。貌似今天的路走得并不顺利，可我的步履依然不停。赶在日出前死去，我想看一看湖底的星星。我加快了步伐。

白色的烟雾弥漫了出来，我贫瘠的知识土壤无法解释这种自然现象或者什么神力，在我的母亲死之前——她是一位做事严谨的物理教师，但这是很多年前的事情了——她总是告诉我什么事情都有物理现象或者化学现象解释的理由，她甚至用什么量子流理论告诉我什么东西存在，什么东西不存在。若是以前，我的母亲一定还喋喋不休，用呵责的语气怪我的胆小懦弱，现在我为自己能够最后做主自己的命运而高兴。

那路标却在烟雾后面出现了，我从未见过它，我也没有见过这些白色的烟雾。它并不是新近移就在这里的，因为它的躯干上面是数不尽的旋轮，刮痕，这应该是一棵早年夭折的树，这是一棵濒死的树。

“别走，德克，我们在这里埋下一颗种子吧。自然的伟力会让你看看物质自然的成长。”

“好的，妈妈。”

那烟雾太浓，以至于我的神经有点错乱，我的脑袋里面一直是这些并没过的对话。我想起了人鬼蛇神和早年在书上看见的掘墓人的故事，和这坐标的情景太像了。

我要跑了起来。可那路标却把我死死地拽住了，我走不出它的视线范围，它把自己的躯干伸向了东方。母亲的话开始涌进我的脑袋，我有一点眩晕，她一直告诉我，别走，德克。她说，别走。母亲抱着我，又把我放下，她就这样做了很多遍，直到把刚长出来的树干完全削去再磨平，她让我绑上一圈又一圈的胶布，她说，把这方向指向东方。我昏了眼，母亲让我去东方。

我停下了胶布，终于停在了这坐标的面前，那林子西边是否有湖水我貌似也记不得了，我记得年少时候我把一颗种子埋在了土地下面，然后跑开。母亲用量子理论告诉我，世界上的东西总是在用自己的方式成长，但或许从来就没有变过。也许小时候就知道，这颗种子发了芽，长成了树，抽出了枝条，再被母亲砍掉，再用胶布缠绕上一个东南向的箭头——这看起来就像天然的一样。母亲用他的方式告诉我，一圈一圈的胶布，不仅属于我在她子房的日子，还有我生命没有完成的绵亘。所以，她用她的伟力把这颗种子指向了东方。

今夜，我本是准备重新回到母亲的子房。但此时此刻，我打算在这白日焰火的笙礼中和我的坐标一同往着太阳初升的地方行去。我期待能够在走出林子之后，燃起一束烟花，或者枯树叶，或者一把火柴——总得有东西飘到天上，叩开天庭的大门，让天上的神看看我过得很好，并且给予我约莫是迟到了十余年的祝福。

我有点兴奋，以至于忘记了母亲的礼物。所以我跑回去，我拨开烟雾，脚踩着松软的土地，我到了那石子路面前，我发现，那路标不见了。

烟雾依然，未见前路，信者却在今夜自救。

作者：廖元植，重庆大学新闻学院2016级学生

点评：作者由一幅带着箭头的“路标”，创作了一篇饶有意思的小说。凭借丰富的想象力和创造力，作者在有限的篇幅里，建构了一个叙事迷宫。不仅如此，文中“路标”的“能指”和“所指”，经过作者的“自救”，获得了更为丰富的阐释空间。

五、实验总结

1.创意写作实践时，积极营造安静的写作氛围。

2.重视作品的交流，增强学生们的交流与参与度，做到互相启发。

六、扩展实验

实验一：为下面的图片，配一首诗歌。（字数不限，题目自拟，主题不限）

实验二：为下面的图片，配一首短文。（字数不限，题目自拟，主题不限）

七、参考书目

伊莱恩·沃尔克.创意写作教学:实用方法 50 例[M].吕永林,杨松涛,译.北京:中国人民大学出版社,2014.

于尔根·沃尔夫.创意写作大师课[M].史凤晓,刁克利,译.北京:中国人民大学出版社,2013.

丁伯慧.创意写作[M].北京:高等教育出版社,2016.

汪云霞,王承俊.创意写作:小说与剧本中的虚构和叙事[M].北京:中国广播电视出版社,2016.

葛红兵,许道军.大学创意写作·应用写作篇[M].北京:中国人民大学出版社,2017.